高野 弦

愛国とナチの間
メルケルのドイツはなぜ躓いたのか

朝日新聞出版

目次

ドイツ連邦議会に議席を持つ政党

政党名	省略名／ドイツ語表記など（ ）内はドイツ語読み	議席数
キリスト教民主同盟	CDU（ツェー・デー・ウー）	200

中道右派。戦後に発足し、計51年間にわたり与党の座にある（2020年現在）。メルケル首相の所属政党で、メルケルは2000年から18年にわたり党首を務めた。バイエルン州以外の全土で活動し、同州を拠点にするCSUとは姉妹関係にある。

党首 アンネグレート・クランプカレンバウアー

キリスト教社会同盟	CSU（ツェー・エス・ウー）	46

中道右派。CDUのバイエルン州支部的な存在。戦前に存在したカトリック保守の地域政党、バイエルン人民党を基礎として発足した。同州では圧倒的な存在で、戦後はわずか3年（1954～57年）を除いて与党の座にある。

党首 マルクス・ゼーダー

難民問題をめぐってメルケルと対立したホルスト・ゼーホーファーは08年から19年まで党首。

※CDUとCSUは、連邦議会で統一会派を組み、ひとつの政党として扱われることも多い。両党あわせて「同盟」（Union）と表記される。

ドイツ社会民主党	SPD（エス・ペー・デー）	152

1863年発足の中道左派政党。「同盟」と並ぶ二大政党の一つで、戦後はウィリー・ブラント（1969～74年）、ヘルムート・シュミット（74～82年）、ゲアハルト・シュレーダー（98～2005年）の3首相を輩出した。

党首 ザスキア・エスケン、ノルベルト・ワルターボーヤンス

ドイツのための選択肢	AfD（アー・エフ・デー）	89

2013年に発足した新興右翼政党。17年の総選挙で連邦議会に初議席を取得し、いきなり第3党に躍り出た。

党首 イェルク・モイテン、ティノ・クルパラ

名誉党首のアレクサンダー・ガウラントは党の連邦議員団長を兼務する。

自由民主党	FDP（エフ・デー・ペー）	80

経済政策は市場原理、教育政策では教会から独立したリベラルな立場を志向する。二大政党の狭間で、時には同盟、時にはSPDと連立を組み、キャスティングボートを握ってきた。

党首 クリスティアン・リントナー

左派党	(Die Linke)	69

左翼党とも表記される。旧東独の独裁政党、ドイツ社会主義統一党を母体とし、SPDによる労働市場改革に批判的だった同党内の左派が合流して2007年に発足した。

党首 カトヤ・キッピング、ベルント・リークシンガー

緑の党	(Bündnis 90/Die Grünen)	67

ベトナム戦争に反対した「1968年世代」（日本の全共闘世代）が中心となり、80年に発足した環境政党。反原発、地球温暖化対策の世論をリードしてきた。

党首 ロベルト・ハーベック、アンナレーナ・ベアボック

2020年9月現在

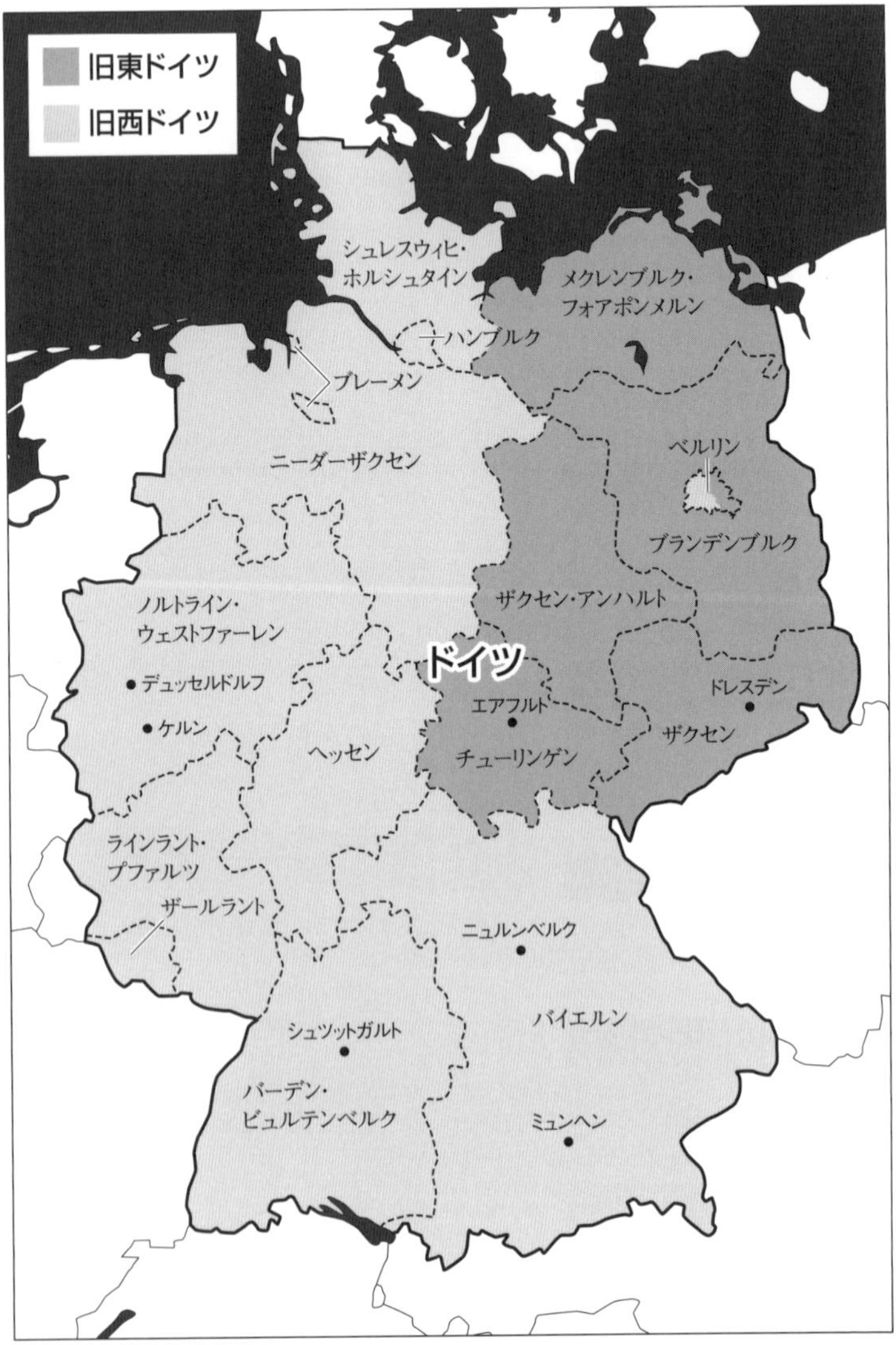

旧東ドイツ
旧西ドイツ
シュレスウィヒ・
ホルシュタイン
メクレンブルク・
フォアポンメルン
ハンブルク
ブレーメン
ニーダーザクセン
ベルリン
ブランデンブルク
ザクセン・アンハルト
ノルトライン・
ウェストファーレン
ドイツ
デュッセルドルフ
ケルン
エアフルト
ドレスデン
ザクセン
ヘッセン
チューリンゲン
ラインラント・
プファルツ
ザールラント
ニュルンベルク
バイエルン
シュツットガルト
バーデン・
ビュルテンベルク
ミュンヘン

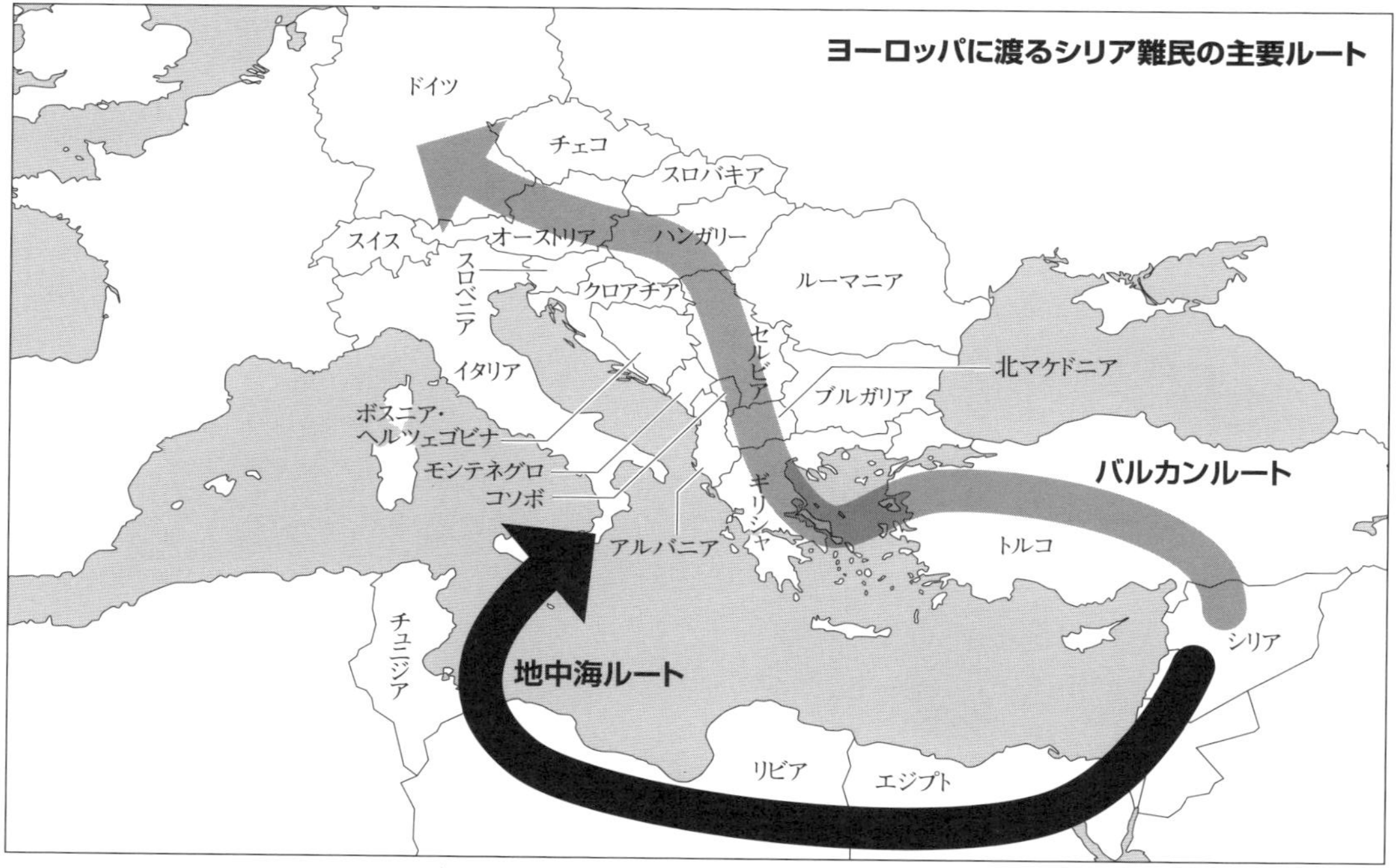
ヨーロッパに渡るシリア難民の主要ルート
ドイツ
チェコ
スロバキア
スイス
オーストリア
ハンガリー
スロベニア
クロアチア
ルーマニア
セルビア
イタリア
北マケドニア
ブルガリア
ボスニア・ヘルツェゴビナ
モンテネグロ
コソボ
ギリシャ
アルバニア
バルカンルート
トルコ
シリア
チュニジア
地中海ルート
リビア
エジプト

装幀　佐々木由美（デザインフォリオ）
地図制作　朝日新聞メディアプロダクション
図版制作　鈴木真樹

愛国とナチの間　メルケルのドイツはなぜ躓いたのか

序章

暗黒の水曜日。２０２０年2月5日をドイツではこう呼んでいる。国土のちょうどおへソあたりにあるチューリンゲン州で、自由民主党（ＦＤＰ）のトマス・ケメリヒが州首相に選ばれた日だ。

この日、全土が蜂の巣をつついたような騒ぎになった。なぜなら、ケメリヒを推した勢力の中に、ドイツ連邦の最大政党であり、メルケル首相を擁するキリスト教民主同盟（ＣＤＵ）に加えて、新興右翼政党、ドイツのための選択肢（ＡｆＤ）が含まれていたからだ。

ＡｆＤは、戦後のドイツが否定し続けてきたナショナリズムの再興を掲げる政党で、シリアの内戦激化をきっかけに多くの難民が押し寄せた5年ほど前から、急速に支持を集めていた。既存の政党や大手メディアの多くは、「極右」や「ナチス」といったレッテルを貼って距離を置き、ＡｆＤが連邦議会にはじめて議席を得た17年秋の議会では、議場のどこに座らせるかをめぐってもめたほどだった。

州とはいえ、日本の県に比べればはるかに強い自治権限がある。16の州政府は、連邦政府と同じように首相と閣僚から構成され、外交と安全保障以外のほぼすべての分野で立法の権限がある。教育制度、文化政策、警察行政にかかわる立法は、もっぱら州の仕事で、その影響力は大きい。だから、連邦議会だろうと、州議会だろうと、「極右」勢力とは絶対に手を組まない。それが戦後のドイツ政治の不文律だった。この日、それがついに破られたのだった。

1930年1月、アドルフ・ヒトラー率いる国家社会主義ドイツ労働者党（ナチ党）は、このチューリンゲン州で初めて与党に参画し、州内相と教育相の座を手にしている。その後、ほかの地域でも影響力を強めていき、32年には中央政府のパーペン首相が、自らの脆弱《ぜいじゃく》な基盤を支えてもらう代わりにヒトラーとの政治取引に応じ、ナチス突撃隊や親衛隊に対する禁止令を解いてしまう。翌年、首相となったヒトラーは、左派政党の弾圧や全権委任法の成立を通じて独裁者への道を歩んでいく。

大衆を扇動する危ないやつら——。ナチ党は権力を握る前からそう見られていた。しかし、少数政党が乱立し、既存の枠組みでは連立政権が築けなくなった保守政党は、左翼政党ではなく、極右のナチ党と手を組むことを選択する。権力を維持するための、いっときの道具として利用するはずだったが、やがて大衆を味方につけたナチ党にすべてをのっとられてしまった。

暗黒の水曜日に国民が思い出したのは、そんな歴史だった。ＦＤＰのベルリン本部にはその日の夜、数千人の人々が抗議のデモに詰めかけた。「ＦＤＰはヒンデンブルクを選んだ！」。手にしたプラカードには、そんな言葉が書かれていた。ヒンデンブルクとは、ヒトラーを首相に任命した大統領の名前だ。大統領は戦後、象徴的な存在となったが、当時は、国民の直接選挙で選ばれ、首相の任免を含む強い権限を持っていた。「極右」と組んで政権を発足させた、という意味で、州の最高権力者となったケメリヒをヒンデンブルクになぞらえたのだった。ヒンデンブルクの死後、ヒトラーは大統領と首相の権限を手中に収め、絶対的な権力を握る「総統」となる。

メルケル首相は訪問先の南アフリカで緊急の声明を発表した。「ＡｆＤの力を借りて議会の過半数をとるようなことはあってはならない。民主主義にとって最悪の日となった」。外遊中に自ら内政についてコメントを出すのは異例のことだ。連邦政府で連立のパートナーとして政権を支えるドイツ社会民主党（ＳＰＤ）は、ＣＤＵに対して連立の解消を迫った。ＳＰＤの幹部たちは、ヒトラーに弾圧され、活動停止に追い込まれたという暗い過去を忘れてはいなかった。

チューリンゲンは、もともと、旧東独の独裁政党だったドイツ社会主義統一党の流れをくむ左派党（Die Linke）が強く、前回14年の州議会選挙で勝利し、ＳＰＤ、緑の党と連立を組む形で、州首相を輩出していた。ふつう、選挙ではそれぞれの党が「首相候補」を立てて闘い、最大勢力となった政党が主導して他党と連立交渉を行い、首相も出す。

しかし、今回の選挙でＡｆＤが第２党に躍進すると、それまでの組み合わせでは議会の過半数がとれなくなり、州第３党のＣＤＵの動向が注目されていた。ＣＤＵの州支部が選んだのは「左派党と組むよりは、ＡｆＤと組んだほうがまし」という、「いつかきた道」だった。州の憲法では、首相指名の議会選挙で２回にわたって過半数を得る候補者がいなかった場合、３回目の投票で最も多くの票を集めた候補が首相に選ばれることになっている。ＣＤＵは、第５党のＦＤＰから首相を出すことに合意するだけではなく、ＡｆＤと組むことも暗に了承したのだった。

世論の反発を受けて、ケメリヒは辞任を表明した。その後誕生したのは、左派党を首班とする少数与党の政府だ。当面は不安定な政権運営が続きそうだ。

ＡｆＤの台頭は、ドイツの政治に大きな変化をもたらした。与党は18年秋、州議会選挙で立て続けに後退し、責任をとってメルケルは党首を辞任した。「ミニメルケル」とも称された女性のアンネグレート・クランプカレンバウアーが後任の党首についたが、チューリンゲン州での不手際を問われ、20年２月に辞任表明に追い込まれた。

政権の樹立に苦労しているのは、チューリンゲン州だけではない。連邦政府もまた、17年９

月の総選挙後に6カ月の空白を余儀なくされている。AfDが第3党に飛躍したことで、CDUを中核とする連立の組み合わせが複雑化したためだ。今後は、州、連邦レベルで政権発足の難航が予想される。少数与党となれば、不安定な政権運営を余儀なくされる。AfDはその間《かん》隙《げき》を縫って、政権への影響力の行使を狙うだろう。新型コロナウイルスへの対応でメルケル与党の支持率が一時的に上昇しているとはいえ、ドイツ政治は激動の時代に入ったと言える。

ドイツ政治を揺らすAfDとは、いったいどのような政党で、だれが支持しているのか。

第1章では、党幹部らへのインタビューを含めて、彼らの素顔に迫った。おどろおどろしい「極右」「ナチス」というレッテルとは異なり、素朴な庶民が多かった、というのが私の印象だ。ナチスがした犯罪を正当化するような人に出会うことはなかったし、優生思想やユダヤ人への差別を口にする人に直接出会うこともなかった。ましてや、ドイツ人の生存圏をかけて他国の侵略も許される、などと説く人は皆無だった。求めていたのは、社会からの承認であり、ドイツ人としての誇り、そして治安への不安だった。

ただ、こうした感情は、かつてこの国を支配したナショナリズムの狂気とむすびつきやすい。だからこそ、政府やメディアには、彼らの置かれた環境や心情を理解したうえで「健全なナショナリズム」にいざなう義務があるのだが、「愛国主義」や「ナショナリズム」を頭ごなしに否定してきた戦後ドイツのエリートには、なかなかそれができない。一方で、ＡｆＤを異端視すればするほど、彼らは意固地になり、過激化していく。ドイツ社会はいま、そんなジレンマに直面している。

16年の米大統領選でトランプ氏が選ばれて以来、メルケルは「リベラル民主主義の守り手」として、世界の中でその存在感を高めてきた。難民や移民に対する寛容な対応だけが理由ではない。自由貿易の維持を掲げ、地球温暖化対策でもイニシアチブをとった。11年に東京電力福島第一原発で事故が起きると、脱原発に舵を切り、ユーロ危機での対応では「欧州の盟主」としてその役割を果たした。一方で、メルケルには「日和見主義者」「マキャベリスト」といった評価もつきまとう。彼女を突き動かしていたものは理念なのか、それとも権力のあくなき追求なのか。第2章では、結果的に右翼の台頭を招くに至ったメルケルの政策と、その人物像を改めて振り返った。

後継のＣＤＵ党首はいまなお定まらず、党首選は20年の12月以降に延期された。第3章では、メルケルが辞任に至った背景と経緯について伝えるとともに、後継候補者の素顔について紹介する。また、次世代の政治家の代表として緑の党のロベルト・ハーベック党首にも焦点をあてる。緑の党は現在、全国の世論調査で第2位の支持率を誇り、次の総選挙後には、政権の枠組みづくりのカギとなりそうだ。党内の理想主義者とは一線を画し、将来の首相としての呼び声も高い。

第4章では、ナショナリズムが高まるドイツで、難民や移民がどのように暮らしているのか、について報告する。依然として彼らを積極的に受け入れる多くの市民がいる一方で、政府によって強制帰国を余儀なくされる外国人も増えている。混乱する受け入れの現場の様子を伝える。

戦後の日本社会は、歴史教育や難民受け入れなどさまざまな点で、ドイツを「見習うべき存在」として仰ぎ見てきた。しかし、そのドイツも足元ではさまざまな悩みを抱え、岐路に立っているようにみえる。かの国で何が起き、これからどこに向かおうとしているのか。いまのドイツを理解するうえで、本書が少しでも読者のお役に立つことができれば、幸いである。

筆者は2016年から3年間にわたって、朝日新聞のベルリン支局長を務めた。この本は当時の取材内容をもとに、最近の政情を交えて、構成した。なお登場人物の年齢は、取材時のものを掲載している。

第1章　台頭する右翼政党ＡｆＤ

総選挙の衝撃

「われわれはメルケルを追いかけて捕らえるのだ！」

２０１７年9月24日に行われた総選挙。新興右翼政党「ドイツのための選択肢（ＡｆＤ）」の幹部アレクサンダー・ガウラント（現名誉党首）は、こう勝利の雄叫《おたけ》びを上げたのだった。

ＡｆＤの得票率は12・６％。前回２０１３年の結果４・７％からの躍進だった。ドイツでは、「少数政党の乱立が政治の不安定化をもたらし、ナチスの台頭を招いた」との反省から、戦後は得票率が５％未満の政党には議席を与えないことになっている。

戦後の混乱期をのぞき、「右翼」や「極右」と称される政党が国会に議席を得たのはＡｆＤが初めてのことだ。「われわれの国と民族を取り戻すのだ」「通りを歩いているふつうの庶民が考えていることを実現するために全力を尽くす」「国会をもう一度機能させる」。ベルリンであった勝利集会。ガウラントが声を上げるたびに、集まった支持者から大きな歓声が上がった。

ＡｆＤが発足したのは13年。ハンブルク大学の経済学者ベルント・ルッケらが、ユーロ通貨からの脱退を旗印にして立ち上げたのが最初だ。背景にあったのは、ギリシャの債務危機だった。

09年、ギリシャ政府の「隠れ債務」が明らかになると、ギリシャを含む南欧諸国の国債の金利が大きく跳ね上がった。一般に通貨の価値は、インフレ率のほか、貿易収支や財政収支などを指標として変動する。ギリシャの隠れ債務をきっかけに「同じような問題が他の欧州各国、とりわけ南欧諸国にも隠れているのではないか」との思惑が広がり、イタリアやスペインの金利も急騰した。このままでは信用不安が欧州全体に広がり、ユーロ通貨が暴落してしまう。これを防ぐには、ドイツなどユーロに加盟する経済大国が何らかの形でギリシャなどの国債を買い支えるような仕組みを作って、市場に安心感を与える必要性がある。欧州中央銀行（ＥＣＢ）が無制限の国債の買い入れを発表するとともに、ドイツが最大の出資国となって新たな支援組織を立ち上げ、国債の買い入れや融資にあたった。

こうした仕組みでは、支援が焦げ付けば、資金の出し手が損害をこうむることになりかねない。「冗談じゃない。一生懸命働いて納めた税金を、なぜ他国のために使わなければならないのか」。このとき、ＡｆＤがユーロからの脱退を掲げて発足した背景には、そんな思いがあった。

13年の選挙での議席取得に失敗した後、市場の混乱が収まったこともあって、ＡｆＤは一時低迷期に入る。息を吹き返すのは、15年9月にメルケル首相がシリアなどからの多くの難民の受け入れを決めてからだ。

ちょうどそのころ、旧東独出身の女性フラウケ・ペトリが党首選でルッケをやぶり、実権を握る。経済政策から難民政策にナショナリズムの軸足を移し、世論調査でぐんぐんと支持率を伸ばしていく。ドイツの代表的な世論調査会社インフラテスト・ディマップによると、9月11日の時点で4％だった政党支持率は1年後には16％にまで上昇。その後も勢いを落とすことなく、総選挙を迎えたのだった。

この間、難民申請者らによる犯罪が相次いだことが、ＡｆＤへの支持に拍車をかけた。難民がドイツに押しかけた当初は、オーストリア国境に近い南部ミュンヘンなどでは、「歓迎」のプラカードを掲げた市民であふれ、ドイツ社会の寛容さを世界に印象づけた。しかし、15年の大みそかの夜、西部の都市ケルンで、男らが集団で通行人の女性を取り囲み、痴漢行為や暴行、窃盗などを働く事件が起きると、社会の雰囲気が変わり始める。この一晩での被害届は379件に及び、容疑者32人のうち、22人が難民申請者だったことが判明する。ＡｆＤと近い反イスラム団体「西洋のイスラム化に反対する愛国的欧州人」（通称 Pegida《ペギーダ》）は年明けに大規模なデモを行い、「性犯罪を起こす難民を追い出せ」などと訴えて回った。メルケルは記者会見で

「容疑者には断固とした対応をとる」と約束したが、社会の不満を押しとどめることができなかった。このとき、警察やメディアが事件の概要をすぐに発表しなかったことも、国民の不信感を高めた。

さらに16年の12月19日、首都ベルリンのクリスマスマーケットに大型トラックが突っ込み、12人が犠牲になる事件が起きる。運転していたのは、チュニジアから難民申請者として入国していた男アニス・アムリ容疑者（24）だった。事件後、イスラム過激派組織「イスラム国（IS）」に忠誠を誓う動画が明らかになり、IS系のメディアも「IS戦士が実行した」とする犯行声明を出した。アムリはその後、逃亡先のイタリアで警察官に射殺されるが、問題となったのは、ドイツの難民管理のずさんさだった。

同容疑者は、ドイツ国内で難民申請をし、却下されていたが、チュニジア出身であることを示す身分証明書がなかったために強制送還されず、「野放し」の状態だった。故郷のチュニジアでは窃盗や強盗などで服役し、11年にイタリアに向けて出国。イタリアでも放火などで4年の禁錮刑を受けて、服役していた過去がある。イタリア政府は、国外退去を命じた際、犯罪歴やイスラム過激派との関係などについて欧州各国の警察と情報を共有したが、ドイツ政府は、多くの難民申請者が入国する中で、こうした情報をチェックできなかった。

事件を受け、AfDのペトリ党首はインターネット上に「メルケルとその仲間たちによる大きな罪だ」と書き込んだ。

総選挙の翌日、メルケルは「われわれの党から１００万票がＡｆＤに流れた。責任は首相の私にある」と釈明した。キリスト教民主同盟（ＣＤＵ）と姉妹政党のキリスト教社会同盟（ＣＳＵ）の得票率は、前回の41・５％から32・９％に大きく落ち込んだ。

総選挙の結果を受けて会見するメルケル氏＝2017年9月、ベルリン

より深刻だったのは、メルケル政権で２度にわたって連立を組んできたドイツ社会民主党（ＳＰＤ）だ。同盟（ＣＤＵとＣＳＵを合わせた総称）と並ぶ二大政党の一角としてドイツ政治を形作ってきたＳＰＤは25・７％から20・５％に減退し、戦後最低の得票率となった。

ＳＰＤのシュルツ党首は即日、「同盟との連立は今日で終わりだ」と述べ、連立を解消し、下野する意向を明らかにした。ＳＰＤは、１９９８年から２００５年にかけて、緑の党と組んで政権を担ったものの、この間、働き手に厳しい労働市場改革に手をつけ、大きな支持者離れを招いていた。シュルツは、党の起死回生をかけて、この年の3月に欧州議会の議長から党首に就任したばかりだった。就任当初は、世論調査で同盟を抜く勢いをみせたものの、間もなく失速し、この選挙で党首失格が決定的になった。

このあと、同盟が中心となった連立交渉は難航を極めることになる。第4次メルケル政権が発足するのは、選挙から6カ月後の18年3月。欧州一の経済大国ドイツで6カ月間にわたって政治の空白が続いたことは、前代未聞の出来事だった。シュルツは選挙の敗北と混乱の責任をとって党首を辞任した。紆余曲折《うよきょくせつ》の末、SPDはメルケル政権で3度目の連立に応じることになる。

AfDとは何か

AfDとは何を訴える政党なのか。

外国人に対して厳しい政策を打ち出しているとされるが、選挙公約を見る限り、難民や移民に対してそれほど極端な主張をしているわけではない。

17年の総選挙前に作成されたA4サイズで約70ページにおよぶ公約案には、この政党の考え方が端的に示されている。

難民については、「内戦など祖国での紛争が終わり次第、帰国しなければならない」「ドイツが受け入れることのできる難民の数に上限を設けるべきだ」としているが、排斥を主張しているわけではない。今日ではCDUや姉妹政党のCSU、さらには緑の党のハーベック党首でさえ、ドイツ社会の統合能力に見合った受け入れにとどめるべきだと訴えている。他党に比べて厳しい点と言えば、犯罪を行ったことなどを理由に送還が決まった外国人を相手政府が受け入れない場合、その国に対する開発援助を減らす、といった強力な措置を提案していることだ。15年のように、政府がコントロールできないほどの難民が押し寄せた場合、国境にフェンスを設けるべきだ、と主張していることも目をひく。

一方で、国内では少子高齢化が進んでいることから、高い技術を持った外国人労働者は積極的に受け入れるべきだとも主張している。

この政党で際立っているのは、外国人の受け入れ政策というよりは、むしろ、民族主義的な性格が色濃くにじむ国内政策のほうだ。ただし、「民族」や「人種」という言葉は使わず、「ドイツ文化」や「ドイツの価値」の重要性を強調している。たとえば、少子化を克服するための手段に関しての次のようなくだりだ。

「父や母から受け継いだ国を、その伝統をないがしろにする者たちに引き継がせるわけにはいかない。われわれの価値を共有してきた子孫たちに引き継ぐのだ。安定した家族こそが持続可能な社会の中心であり、基礎である。それによって、社会的な平和が維持される」

ここでは、外国人労働者はあくまで労働者であり、文化や価値の継承者としては想定されていない。大切なのは、ドイツ文化を共有する人が増えることであり、教育も税政策もそれに貢献するべきものとして語られている。また、家族観も極めて保守的で、ジェンダー教育は否定され、「男と女は生物学的にも平等ではない」として、おのおのの役割分担を説いている。同性婚に否定的なのは、言うまでもない。

ＡｆＤは、自らが寄って立つ文化をドイツの「主導文化」と表現する。もともとは、ＣＤＵのフリードリヒ・メルツ元議員団長らが２０００年代初頭に提唱していたもので、メルケル首相の登場によって、すっかり後景に退いてしまった考え方だ。ＡｆＤの定義によれば、それは「キリスト教、古典、人道主義、そして啓蒙主義の価値に基づくもの」で、「ドイツ語のほか、われわれの習慣、伝統、精神的かつ文化的な歴史」を指すのだという。「主導文化」の対立概念が「多様な文化」で、イスラム文化を含めてさまざまな価値観が並立する社会を表現するときに用いられる。

イスラム教に対する警戒感は露骨だ。公約案にはこう記されている。「イスラム教はわれわれの法秩序を尊敬しないばかりではなく、闘いを挑んでいる。唯一正しい宗教としての支配欲を強く持ち、それはドイツの自由民主主義的な基礎とは相いれないものだ」。イスラム教徒に対しては公共の場でのブルカの着用を禁じ、外国の政府や宗教団体のお金でモスクを造ることも禁じるべきだとしている。

一方で、キリスト教文化圏であれば、ドイツ文化と同じだと主張しているわけでもない。それ「文化、言語、国家的なアイデンティティーは数百年の歴史を経て発展してきたものだ。それは、その構成員にとって、決して消すことができない空間である。それは、民主主義的な憲法を持つ国において、おのおのに形成されるものだ」。ドイツにはドイツの言葉と伝統があり、他の国と同じではない。AfDは、この論調に立って、ブリュッセル中心の欧州連合（EU）にも否定的な目を向ける。

この章の終わりに、名誉党首のガウラントのインタビューを掲載しているが、彼にとって、ドイツへの愛国心はありえても、国境を越えたEUへの郷土愛というものは、あり得ない。なぜなら、背負ってきた歴史と文化が各国によって異なるからだ、という。EUは、純粋な経済分野の共同体（域内に関税がない地域）にとどまるべきで、政治的な意思決定まで含めて、まるでひとつの国のように振る舞うべきではない、とガウラントは言う。ユーロ危機に即していえば、ギリシャとドイツは労働文化や労働倫理が異なるわけだから、ギリシャが危機に陥っても、ドイツが救いの手をさしのべるべきではない、勤勉なアリには、夏の間遊びほうけていたキリギリスを救う義務はない、というわけだ。

ＡｆＤの特徴をもうひとつ挙げるとすれば、その歴史観にある。「現在の歴史教育の重点は、ナチス台頭などの狭い時期に集中し過ぎている。（負の側面だけではなく）ドイツ人のアイデンティティー形成に貢献した出来事にもっと注目すべきだ」。16年に朝日新聞のインタビューに答えたペトリ党首（当時）は、こう述べている。公約集でも、ほぼ同じ表現が繰り返されているが、要するに「自虐史観はやめ、自国の歴史に誇りを持とう」と訴えているのだ。

ドイツの現代史に詳しい方ならお気づきだと思うが、これらはほぼすべて、ドイツ社会でしばしば議論され、論争の末に、隅に追いやられてきた考え方だ。ＡｆＤが初めて言及したというわけではない。

イスラム系の移民に対する懸念は、ＳＰＤの政治家で、ドイツ連邦銀行の理事だったティロ・ザラツィンが２０１０年に出版した著作『DEUTSCHLAND SCHAFFT SICH AB』（未邦訳、自滅するドイツ）で明らかにし、「ザラツィン論争」と呼ばれるほどの反響を巻き起こした。ザラツィンはベルリン州の財務相も務めた政財界の大物だが、その内容は、ＡｆＤの選挙公約と見紛うほどだ。

彼によれば、トルコや中東アフリカからやってくるイスラムの移民は、ベトナムや中国、インドからの移民と異なり、教育レベルが低く、多産の傾向にある。彼らを受け入れることは社会保障制度の重荷となり、知的レベルだけではなく、経済的にもマイナスの影響を及ぼす、という。ザラツィンは「国家のアイデンティティーと社会的な安定は、均一の価値観や文化的な伝承を必要としている」としたうえで「多くのイスラム移民は、自らを伝統から引き離すことができず、新しい環境で文化的な違いを乗り越えることができない」とし、イスラム圏からの移民の制限を提唱した。少子高齢化への対応は、ドイツ人女性の早婚化によってもたらされるべきであり、そのために必要な税財政政策を考えるべきだ、としている。

彼の本で興味深いのは、著書の中で予測している近未来の姿だ。不法移民が増加する中、２０１３年にベルリンの動物園駅近くで爆発物が爆発し、73人の犠牲者が出る。その後、パリやローマでも同じような事件が相次ぎ、欧州全体でＥＵ国境の監視強化に乗り出す。政府は家族政策を強化することで、ドイツ人女性の多産を促す一方、移民の流入を制限する。入国してしまった移民には語学教育を強化して、社会に強制的に統合させていく——というシナリオだ。

現実の世界では、16年に動物園駅近くのクリスマスマーケットで、イスラム過激派に忠誠を誓った男によるテロが起き、12人が死亡。パリやブリュッセルなど各地でもテロが相次いだ。そして、国境の管理強化に乗りだし、ドイツでは移民や難民の統合強化を急いでいる。早婚化や多産化が進んでいないことを除けば、シナリオ通りに事態が運んでいるようにも見える。
ザラツィンは、出版と前後して受けた新聞のインタビューで、文化的アイデンティティーと同じように「遺伝的アイデンティティーも存在するのか」と問われ、「ユダヤ人全員が特定の遺伝子を持っており、(中略)、それらが彼らを他のものと区別する」と答えている。人種間の生物学的な違いに言及したという点で、AfDよりもずっと過激な発言だ。ナチスの優生思想を想起させる内容は、イスラム移民への差別的な言動と相まって、大きな批判を呼び、ザラツィンは連邦銀行の理事の辞任を余儀なくされた。しかし、この本は100万部を超えるベストセラーとなり、出版後の世論調査では、約8割の人々がその主張の少なくとも一部を支持していることが明らかになった。ザラツィンはその後も同じような趣旨の本の出版を続け、SPD内では除籍を求める提案がこれまで3度出された。10年におよぶ論争をへて、2020年7月、党連邦仲裁委員会(党内の最高裁判所のような存在)はついに除籍を決めた。しかし、ザラツィンは法廷闘争に持ち込む姿勢を示しており、結論が出るまでには、まだ時間がかかりそうだ。

歴史認識をめぐっては、過去にはCDUの中枢から次のような発言が出たことがある。「ドイツの歴史はこれまで、もっぱらナチ支配とのつながりという観点からのみ見られてきました。その結果、ドイツの歴史は総じて否定的にとらえられるようになりました。それ以来、われわれの歴史的な自己評価にはある種のトラウマが存在します」

コール首相のもとで、連邦議会の議員団長を務めたアルフレート・ドレッガーが1983年の議会演説で語ったものだ。ドレッガーはこのトラウマを取り除くことが、健全な歴史意識に向けての第一歩だ、と訴えた。コールは国民の統合をはかるためにドイツ連邦共和国の歴史的なアイデンティティーを構築することが必要と考えており、そのブレーンになっていたのが、第2次大戦中にドイツ軍兵士として戦った経験があるドレッガーだった。コールは85年、ナチスの親衛隊も眠る墓地を当時の米大統領レーガンと訪問し、論争を巻き起こしている。

ただ、98年にコールが退くと同時にSPDと緑の党によるリベラル政権が誕生、2005年からメルケルが首相に就くと、こうしたCDU内保守派の声も小さくなっていく。


これらの経緯を振り返ると、AfDとは、ドイツ社会に突如として現れた異形の政党ではなく、社会の根底に脈々と流れ、押さえつけられていた保守派の本音が、ユーロ危機や難民危機をきっかけにして勢いを増し、政党という形をとって表舞台に躍り出てきた集団、とみることができる。そして、AfD的なるものはいま、CDUにも広く浸透し始めている。「主導文化」を提唱したメルツは、現在進行中のCDUの党首選挙に立候補しており、3人の候補者の中で最も多くの支持を集めている。AfDが否定する移民の二重国籍制度は、SPDが主導する形での20年ほどの間に徐々に浸透してきたが、CDUは16年の党大会で、これを後退させる方針を賛成多数で決めている。

支持者たちの素顔

AfDを支持しているのは、いったい、どのような人々なのか。難民申請者たちによる事件が相次いだこともあって、治安への不安を理由に挙げる支持者たちも少なくない。しかし、それだけに目を奪われると、ことの本質が見えなくなる。なぜなら、難民がほとんどいない地域でもAfDが高い支持を保っているからだ。彼らの話を聞くと、ドイツ社会の抱えるさまざまな問題が見えてくる。

旧東ドイツで有数の都市、ザクセン州ドレスデンは、中世の教会やお城、宮殿が残る美しい街だ。第2次大戦中の大空襲でことごとく破壊されたものの、戦後に再建され、「芸術と文化の都市」として生まれ変わった。

ここから車で約1時間。曲がりくねった山間《やまあい》の道沿いを走ると、人口約1千人の村ハルトマンズドルフ・ライヘナオにたどりつく。訪ねたのは19年3月。春だというのに、あたりはまだ雪景色だ。携帯電話に目を落とすと、受信電波の状況を示すアンテナが立っていない。ITを利用した産業革命「インダストリー4・0」で知られるドイツですら、まだ電波の届かない場所があるのかと驚いた。

この村では、17年の総選挙で、ＡｆＤの得票率が40・１％に達していた。メルケルが率いるＣＤＵの25・９％をはるかに上回り、ＡｆＤの全国得票率の３倍以上に上った。

訪ねたのは、年金生活を送るローター・イェーケルさん（66）の自宅だ。木目の基調が美しい大きな造りの家は、旧東独時代の１９７０年代に建築したものだという。配管や板金の自営業者として長く働いてきた。家は、近隣に住む知り合いの設計士や電気工らの力を借りて、２年がかりで自分たちで完成させた。「あのころは、何をやるにしても、みなで助け合ったものよ。固定電話すら普及していなくて、電話のある家によく借りに行ったものだった」。妻のハイドルンさん（66）が、懐かしそうに当時の写真アルバムを開いてみせてくれた。

ベルリンの壁が崩れた89年、この村の人口は１５００人を超えていた。小さいながらも企業がいくつかあり、若者たちが働き口に困ることはなかった。学校もあり、女性が働きに出やすいように保育園や託児所も整備されていた。

だが、90年の東西ドイツ統一後、激しい浮き沈みを経験することになる。

政府の呼びかけに応じて、旧西独側の企業が工場を建設し、金融機関の支店もできた。木工業や農業が中心だった村の様子は一変した。しかし、復興のための財政支援が一服すると、相次いで撤退をはじめた。若者らは仕事を求めて、ドレスデンや旧西独の地域に転出して行った。

今、人口は1千人を下回り、「陸の孤島」の様相を呈している。

生活に欠かせない小売店は次々に閉鎖となり、残るのは、一軒のパン屋と肉屋だけだ。それも近隣の自治体から売り子がやってきて、午前中の限られた時間だけ店を開けている状況だ。銀行はなく、2週間に1度、お金を下ろしたり、振り込みを依頼したりするための「巡回銀行」が車でやってくる。05年には、旧東独時代からあった小学校も閉鎖され、再利用のめどが立たないまま、建物だけが無残な姿をさらしている。

村民にとって最もつらいのは、村と近隣の自治体とをつなぐ交通網が失われつつあることだという。バス路線は間引かれ、1日3本のスクールバスだけが頼り。学校が休みになる週末には1本も走らなくなる。

高速のインターネットもなければ、場所によっては携帯電話も通じない。7人の消防団員はすべて年金生活者となり、村には老朽化した消防車を買い替えるお金もない。「都市から離れていても、せめて高速のインターネットさえあれば、何らかの働き口が生まれ、若者は働くことができるのに。いま、火事があったら、ちゃんと消火活動ができるのかどうかも、心もとない」とイェーケルさん。インフラの整備や消防車の購入には、州や国から補助金が出るが、村が自前でまかなわなければいけない10%の資金が財政難から捻出できない。村で子どもたちの声を聞くことはめっきり少なくなり、成人した2人の娘もとっくに村を離れ、都会で暮らす。

16年、イェーケルさんと、村長のラインハルト・ピッチュさん（63）が先頭に立って、隣町と合併するべく、同意をとりつけるための住民投票を実施した。隣接するフラオエンシュタイン町は財政規模が大きく、合併で財政に余裕が生まれると考えたからだ。住民投票の結果は、66％が合併に同意するものだった。だが、CDUの州政府は、首をたてに振らなかった。「お宅の村の住民以外、合併には関心がない」。与党議員は、歯ぎしりするピッチュさんにそう理由を説明した。

イェーケルさん夫妻＝2019年3月、ザクセン州ハルトマンズドルフ・ライヘナオ

この村で30年にわたって村長をしているピッチュさんとイェーケルさんは、17年の総選挙で、AfDに投票した。それまでずっとCDUを支持していたが、もうやめた。「選挙は私たちにとって、『抵抗の選挙』と言えるものだった。地元のために一生懸命がんばらないと痛い目にあうぞという、政治家に対する意思表示だった」（ピッチュさん）

イェーケルさんの妻のハイドルンさんが、昔のア

ルバムを見ながらあまりにも楽しそうに話すので、思わず、「旧東独時代に戻りたいですか?」と聞いてみた。しばらく考えた後、「あの国は政治も経済も行き詰まり、もう続けていくことができなかった」と話し、こう続けた。「かつてはみな平等だった。統一後、裕福になった人は、もはや助け合う精神を忘れたかのようになってしまった。自分たちにビジネスを起こし、自立的に村を発展させる才能がなかったから仕方ないのですが、そのことが残念でなりません」

旧東独では、かつて秘密警察や協力者が監視の目を光らせ、みな窮屈な思いを経験している。それがベルリンの壁を突き崩す要因にもなったはずだった。しかし、そんな過去は、社会から取り残されてしまった現在の惨めな境遇を前に、忘れ去られつつある。

総選挙が間近に迫った17年9月上旬、ここからさらに車で1時間ほど離れたドルフケムニッツという村に1人の女性が演説に訪れた。AfDの女性党首ペトリだ。ペトリは1975年にドレスデンで生まれ、英国とドイツの大学を卒業した。化学の博士号を持ち、企業経営の経験もある才女だ。

「AfDにとっての一貫したテーマは、ドイツのアイデンティティーとは何か、故郷とは何か、という問題だ。メルケル首相には、その問いが理解できていない」。集まった有権者を前に、グローバル化の中で失われつつある伝統や文化、そしてそれを支える共同体の重要性を切々と訴えたのだった。「多くの人はなお、われわれの歴史をナチスの犯罪としてとらえているが、それは大きな歴史の一部に過ぎない。子どもたちにドイツの偉大さを教えよう」

ドルフケムニッツもまた、激しい過疎化とコミュニティー崩壊の危機に直面している。私が訪れた日の前日、村で唯一の精肉店が廃業し、そのことを告げる紙が店のシャッターに貼られていた。8年前、住民たちの抗議にもかかわらず、小学校が閉鎖された。バス路線もカットされ、財政難のため夜は街灯が消されたままになる。時折、すれ違う村人に声をかけるが、だれも応じようとしない。

「ほとんどの住民は、置き去りにされたと感じている」。ようやく取材に応じてくれたフリードマー・ゲルネグロースさん（68）が口を開いた。この村で工芸品店を営む。自分はAfDには投票しなかったが、知人の多くは同党を選んだという。この村でのAfDの得票率は47・4％にのぼった。「ペトリの演説は、そんな住民の心に響いたのですよ」

少なくとも総選挙の時点では、ドイツのアイデンティティーや「故郷」の重要性を表立って訴える政党は、AfD以外にはなかった。中道右派のCDUは、メルケル政権が長く続いたことで、そうした保守色をすっかり失ってしまっていた。労働組合が基盤のSPD、自由主義経済を党是とするFDP、環境重視の緑の党、旧東独の独裁政党の流れをくむ左派党。連邦議会に議席を持つこれらの政党にとって、ドイツ民族のアイデンティティーや「故郷」は、すでに克服された右翼の古い考えに過ぎなかった。

ＡｆＤは、ブリュッセルを批判し、ＥＵからドイツが主権を取り戻すことを訴えた。グローバル化ではなく、地方のコミュニティーとドイツ文化の再興を最優先に掲げ、キリスト教的な価値観を重視した。米国のトランプ大統領の政策が「アメリカ・ファースト（米国第一主義）」だとするならば、ドイツ第一主義を掲げたのがＡｆＤだった。「開かれた社会を訴えるくらいだったら、もっと自分たちドイツ人の生活を大切にしてほしい」。人々のそんな思いをすくいとった。

ゲルネグロースさんによると、そもそも、選挙期間中に村にやってきた党首は、ペトリだけだったという。

ＡｆＤは旧西独よりも、旧東独で大きな支持を集めている。総選挙では、ベルリンを除く旧東独5州で、ＡｆＤの得票率は1位、もしくはＣＤＵに次ぐ2位だった。ザクセン州では27・0%を獲得して第1位となった。

その大きな理由に挙げられるのが、過疎化と経済的な立ち遅れだ。

東西ドイツ統一後、旧東独地域で企業の閉鎖が相次ぎ、人口の流出が続いた。政府機関の統計によると、17年までに１２０万人以上が東から西に移住している。東側への政府・民間企業による投資は、94年ごろをピークに減少に転じた。旧東独の1人あたりの実質ＧＤＰは、いまも旧西独の7割程度にとどまっている。フンボルト大学のマイケル・ブルダ教授によると、企業の本社機能が旧西側に集中していることから生じる賃金の格差に加え、旧東独では、年金で生活する高齢者の割合が上昇しているためだという。

旧東独全体の経済レベルも統計上、上昇はしているが、それでも格差が存在し続ける限り、人々の「置き去りにされた感覚」「二流市民としての感覚」はぬぐえない。ＡｆＤは、メルケルの難民政策を批判するとともに、「ＥＵよりもドイツのことを考えるべきだ」と主張し、こうした人々の心を引きつける。ブルダ教授は「政府はもっと旧東独地域のインフラに投資し、人も企業も戻ってくるよう手を打つことで、ＡｆＤの台頭に対抗するべきだ」と話す。

だが、政府にはもともと節約志向が強いうえ、財政健全化を求めている南欧諸国に範を示すため、大幅な投資の拡大に踏み切れないでいる。政府は近く、旧東独の復興を目的として個人や法人に広く課税している「連帯税」も廃止する方針だ。

経済の発展から取り残され、「置き去りにされた人々」を救うのは、本来、労働リベラルの政党ＳＰＤの役割だ。だが、彼らはＳＰＤを選ばなかった。

州議会選挙にAfDから立候補したギド・ライルさん＝2016年5月、ノルトライン・ウェストファーレン州

西部ノルトライン・ウェストファーレン州にあるルール工場地帯。唯一残された炭鉱「プロスパー・ハニエル」で組合幹部を務めていたギド・ライルさん（47）は２０１６年、26年間続けたＳＰＤの党員をやめ、17年5月の州議会選挙にＡｆＤから立候補した。「私はいまでも、自分は社会民主主義者だと思っている。変わったのは私ではなく、社民党のほうなのだ」と話す。

ライルさんが支持政党を変えたのは、ＳＰＤがもはや労働者の味方になりえない、と考えたからだ。

03年、当時、緑の党とともに政権にあったＳＰＤのシュレーダー首相は、雇用の流動化策に手をつけた。社員を解雇しやすくするとともに、派遣労働の範囲を広げ、有期雇用に関するさまざまな制限も撤廃した。一方で、企業の社会保障負担を減らし、働き手の負担を増やした。経済の再興を狙った一連の構造改革は、「アジェンダ２０１０」と呼ばれる。２０１０年ごろには、失業率が下がり、経済が回復することを狙って名付けられた。ちょうど、日本でも小泉純一郎首相のもと「構造改革」がうたわれ、派遣労働者が増えた時期にあたる。

背景にあったのは、「欧州の病人」とも呼ばれたドイツ経済だった。１９９０年代、政府は旧東独の非効率な経済の後始末に追われた。国有企業をたたむことで多くの失業者が生まれ、旧東独地域では一時、失業率は20％近くにまで上がった。一方で、優良な企業は、より安い人件費を求めて新興国に転出していった。こうした企業を引き留め、かつ会社の事業転換を容易にするための方策として、「アジェンダ２０１０」が提案された。失業手当の給付期間や給付条件を厳しくする一方で、受給者に職業訓練を義務付けて、再就職に向けた自助努力を促した。

統計上の成果はすぐに出た。04年から06年までの失業率は10％を超えていたが、10年には６％台に下落。総選挙が行われた17年は３％台と、ドイツ統一後、最低の記録を更新した。

ただ、働き手が味わった現実は、厳しかった。

ライルさんの職場でも多くが仕事をやめていった。次についた仕事は清掃などの派遣労働やパートタイムの仕事がほとんどで、得られる収入は、ほぼ最低賃金のレベルだった。

そこにふってきたのが、難民問題だった。難民申請者には、住む場所のほか、語学教育などを受けることなどを条件に必要な生活費もあてがわれる。

「ほかの国々からやってきた連中が、政府から生活に必要なお金を受け取る一方で、わたしたちはぎりぎりの生活を強いられている。何かが間違っている」

選挙運動で、ライルさんはこう訴えて回った。州議会選挙では落選したものの、19年5月の欧州議会選挙で当選し、現在はＡｆＤ議員として活動している。

総選挙を4カ月後に控えた17年5月、私はインゲ・ハネマンさん（49）という女性に会った。05年からハンブルクの職業安定所で勤務し、「アジェンダ２０１０」の現実を肌で知っていた。ハネマンさんによると、新たな制度が酷なのは、失業者は手当を受け取れるものの、基本的に紹介された職を断れないことだ。手当はまず、過去に納めた保険料の納付期間に応じて、50歳未満で最長1年（50歳以上は最長2年）の間、それまでの収入の6割程度が支給される（失業手当Ⅰ）。この期間を超えても仕事が見つからない場合、今度は「失業手当Ⅱ」という区分に分類され、生活に必要な最低限のお金が政府から支給されることになる。財源は税金。額は家族構成によって異なるが、家賃補助や光熱費を除いて月３００～４００ユーロ（3万6千～4万8千円）だ。難民申請者が受け取る金額と、さほど変わらない。

ただ、このお金をもらうためには条件があり、原則として、何らかの職業訓練を受け続けなければならない。そして、紹介された仕事は引き受けなければならず、引き受けない場合は、ペナルティーとして支給が一時中断される（失業手当Ⅰ）か、段階をふんで減額され、最後はゼロになる（失業手当Ⅱ）仕組みだ。仕事の多くは、工場のラインでの作業やコールセンターなどの肉体労働で、派遣会社が職安に持ち込んでいるという。

「本人の適性や職歴は全く考慮されない。大学院を出たインテリでも、減額されたくなかったら、工場の労働者として働かなければならない。それが現実なのです」。仕事を断り続ければ、やがて収入の道は途絶えることになる。ハネマンさんが思い出すのは、音楽大学を出て職を探していたピアニストからの相談だという。指を酷使するのを嫌がり、工場労働での仕事を断り続けた。その結果、支給金はゼロとなり、ついには職安に顔を出さなくなり、消息が分からなくなった。有期雇用が多くなった学校の教師からも多くの相談が寄せられた。

顔を出さなくなった人は、統計上、もはや失業者としてはカウントされない。「政府の公式統計では、失業者は約３００万人とされていますが、現場の感覚ではその倍以上いる、という感じです。彼らの多くが現状への不満から、ＡｆＤを支持しているのだと思います」

ＡｆＤは公約で失業手当Ⅰの支給期間の延長を訴えた。

17年の総選挙でＡｆＤに投票した有権者は、前回の選挙ではどこに投票していたのか、という世論調査会社の調査結果がある。最大のカテゴリーは「前回は投票しなかった」の約１４７万人。一般に投票にいかない人は、社会の底辺層に多いとされる。ＳＰＤからＡｆＤに切り替えた人は51万人にのぼった。

「人はアイデンティティーなしには生きることはできない。自分の属する国やその歴史を否定的に見続けることには、耐えられない」

こう語るのは、チューリンゲン州でドイツレストランを営むトミー・フレンクさん（32）だ。1日に数本しかバスが通らない不便な場所だが、取材に訪れると、10人ほどしか座れない店内はいっぱいだった。

フレンクさんは学生時代、重量挙げの選手だった。15歳のとき、全ドイツの年代別選手権で優勝し、外国人と競い合う機会に恵まれた。ショックだったのは、表彰台でフランスの選手らが堂々と国歌を斉唱するのに、自分たちには許されなかったことだ。法律で禁止されているわけではないが、チームをあげての「自粛」だった。演奏だけが淡々と流れた。「自分の国に誇りが持てないなんて、何かがおかしい」

ドイツでは、同国が優勝した2006年のサッカーワールドカップの際、「国旗」をめぐる論争が起きた。観客が国旗をふって応援する姿が、かつてドイツを戦争に導いたナショナリズムを彷彿とさせるというものだった。フレンクさんの経験は、まだこうした議論が巻き起こる前のことだ。

いったん芽生えた疑問は、なかなか消えなかった。兵士として国のために戦った祖父らはなぜ「犯罪者」というレッテルを貼られるのか。なぜ学校の歴史の授業ではナチスの時代の過ちに重点が置かれ、ゲルマン民族がローマ帝国に勝利した歴史上の戦いには触れないのか。こうした疑問を教師やコーチにぶつけると、まもなくナショナルチームから追い出された。

フレンクさんは取材中、「アイデンティティー」という言葉を何度も口にした。ある集団に属し、その中で承認されることの喜びや生きがいを意味する。たとえばサッカーのナショナルチームの応援で、同じような服を着て息を合わせて動くとき、何とも言えない幸福感に包まれるという。既婚のフレンクさんは、レストランのオーナーであり、地元サッカーチームのファンクラブの一員でもある。多くの顔やアイデンティティーを持っていそうだが、ドイツ人としての自分に大きな誇りを感じるという。

フレンクさんは地元ではちょっとした有名人だ。シャツの襟の隙間からは、首に刻まれた「ARIER」の文字の入れ墨が垣間見える。人種を示す「アーリア」の意味だ。レストランに併設する雑貨店には、思わせぶりな商品がならぶ。かつてのドイツ軍の戦車のプラモデルやヘルメットに交じって、「I Love HTLR」の文字が大きくプリントされたTシャツもある。HTLRは、暗にアドルフ・ヒトラーを指す。ナチスを思わせるこうした表現は法律で禁止されている。よく目をこらすと、これらの文字の下に小さく「HEIMAT TREUE LOYALITÄT RESPEKT」とある。それぞれ、故郷、信頼、忠誠、尊敬という意味だ。摘発されないための工夫がほどこされている訳だ。

地元メディアでは「過激な極右」のレッテルを貼られているが、アーリア人の卓越性を説いたヒトラーに心酔しているわけではない。すべては、「愛国」を口にするだけでナチス呼ばわりされるドイツ社会への反発からだ、という。

これまで、日本や米国、中東、アフリカなど多くの国々を旅行で訪れた。「それぞれの国や民族の文化は異なり、それぞれが素晴らしいと思う。たとえば日本はきれい好きで、時間通りに列車がくる。ドイツの文化だけが秀でているとはとても思えない」と話す。

フレンクさんは「過激すぎる」との理由でAfDへの入党は認められていないが、選挙では同党に投票している。なぜなら「ナショナルなものへの思い」を受け止めてくれる唯一の政党だからだ。

「アイデンティティー」について語るトミー・フレンクさん＝2019年3月、チューリンゲン州シュロイジンゲン

ドレスデンで弁護士業を営むマキシミリアン・クラーさん（40）も「ナショナルなものへの思い」から、ＡｆＤに入党した1人だ。

東西ドイツが統一した翌年の１９９１年に14歳でＣＤＵの青年部に加わった。両親ともに敬虔なカトリックで、宗教が抑圧の対象だった旧東独ではマイノリティーだった。父親がしばしば自由を求めるデモに参加していたのを覚えている。共産政権が倒れて統一が実現し、ＣＤＵに加入したとき、「自分たちが勝ったのだ」という思いに駆られた。

そのＣＤＵを２０１６年に去ったのは、ユーロ危機への対応とメルケルが決断した難民受け入れが理由だった。

クラーさんは高校時代に1カ月、交換留学で米国に滞在して以来、勉強や仕事で世界をかけ回ってきた。法律を学んでいた大学時代は、南米や中国、チベットを旅行して歩いた。司法試験に合格すると、ロンドンやニューヨークでＭＢＡも取得した。いろいろな国々をみてきて、ある結論に達した。「民主主義をよりよく機能させるには、ある程度、社会の同質性が必要なのではないか」

反面教師として例に挙げたのが、ブラジルだ。白人系と黒人系の間での所得格差が大きく、住むところも違う。ドイツに比べれば犯罪も多い。「社会的な弱者を助けようと思うのは、助けるほうが彼らとアイデンティティーを共有しているからだと思う。西洋的な価値観を理解しない人々が100万人もやってきて、どうして社会の一体性が保てるというのか」。難民を助けるお金があるのなら、どうしてドイツの貧困家庭を救済しないのか、と思う。

ドイツには、1960年代以降、多くのトルコ系移民が労働者として入国し、国籍を取得した。昨今、問題となっているのは、彼らが独自のコミュニティーを作り、ドイツ社会と交わることのない「平行社会」を形成している点だ。そこでは、ドイツの民主主義的な価値観とは相いれないエルドアン・トルコ大統領を熱狂的に支持する若者たちが少なくない。クラーさんは、難民の流入で平行社会が拡大していくことを懸念する。「仮に日本に100万人のフィリピン人が移民としてやってきて、母国の大統領に忠誠を誓う政党ができたとする。あなたは想像できますか?」

CDUの党員を辞めた後、AfDを選んだのは、それ以外の政党がほとんど同じ主張をしているように見えたからだ。親EUでナショナリズムや愛国主義には批判的、難民の受け入れに異を唱えず、原発にも反対だ。異議を唱えようと思えば、AfDしかなかった。

戦後のドイツは、「ナショナルなもの」を否定することで周辺国の信頼を得、国際社会に復帰した経緯がある。だが、クラーさんは「時代は変わった」という。「ナショナリズムの否定は、米国がドイツを完全に守ってくれた特殊な時代の理想論。米国はもはや頼りにならない。ドイツは社会の結束を強め、自分たちで国を守っていかなければならないと思う」

クラーさんは取材から2年たった２０１９年5月、欧州議会選挙に立候補して当選した。

愛国主義を前面に出すＡｆＤは、「ネオナチ」「極右」とのレッテルを貼られているが、長年ベルリン自由大学で教鞭をとり、ドイツを代表する政治学者のオスカー・ニーダーマイヤー氏は「ＡｆＤの支持者の多くはネオナチではない」と言い切る。「ネオナチ」とは、民主主義を否定し、ドイツ人の優位性を主張するナチスの現代における信奉者を指す。ＡｆＤ支持の背景にあるのは、経済格差や、国に誇りを持てないことへの怒りや不満であり、既成政党がその声を拾おうとしないことへの反動とみている。また、「愛国主義は偏狭なナショナリズムと同じではない」とも話す。愛国主義は、国や共同体を思う気持ちであり、ナショナリズムとは他国より秀でることをその条件にするものだという。

同氏らが行った２０１６年の調査によると、ＡｆＤ支持者のうち、無職は３％で、会社員が33％、年金生活者が27％を占めている。教育レベルでは、高等教育を受けた人が25％を占め、平均所得は、全国民平均の約2千ユーロをやや上回る。支持者は、職業、年齢、収入を問わず、ありとあらゆる属性に広がっている。

ただ、中には外国人や他国の文化、とりわけイスラム教に対して、露骨な嫌悪感を口にする者がいる。こうした人々は、排外主義にむすびつきやすい。

総選挙を8カ月後に控えた17年1月末。バイエルン州の州都ミュンヘンのビアホールでＡｆＤの集会を取材したときのこと。戸惑いながら片隅に座っていると、弁護士をしているというウリ・ヘンケルさん（62）が話しかけてきた。

いわく、この1〜2年で街の様子は大きく変わったという。理解できない外国語を話す若者たちがたむろして、薄気味悪く感じる。彼らが通りの真ん中を歩いてくると怖いので、自分から道を譲るようになった、という。公共のプールで、イスラム教徒の女性たちが服を着たまま入る光景も珍しくなくなった。一部の学校では豚肉のメニューが出されなくなった。

未知なるものへの不安と「ここは自分の国なのに」といういらだちが入り交じる。「テロリストは、みんなイスラム教徒。イスラム教徒にとって宗教は法律より大事なのでしょう」

長年、ＣＤＵの支持者だったが、最近になってＡｆＤに変えた。「これ以上、私たちの社会が変わっていくのは耐えられない。ドイツでは国を思う気持ちを表現すると、ナチスというレッテルを貼られる。でも、私たちの感覚は、そんなにおかしいかね？」。真剣なまなざしで訴えてきた。

ＩＴ企業に勤める女性のマガリタ・カラショワさん（56）も難民の流入による治安の悪化を口にした。この3カ月前、南西部の都市フライブルクで女子大生がアフガニスタン難民の少年に暴行され、殺害される事件が起きていた。「実際に起きている事件はもっとある」と信じて疑わない。ＳＮＳ上でそうした指摘を目にしたからだという。「最近は、身の安全を守るために、帰宅時間を早めているわ」。職場ではＡｆＤのシンパであることを秘密にし、正式な党員にもなっていない。右翼というレッテルを貼られるのが怖いからだという。

この会場の多くの人が、同じような不安を口にした。しかし、よく聞いてみると、だれひとりとして、自分や自分の知り合いが実際に「危険な思い」をしたわけではなかった。ニュースで流れる難民による事件と、街を歩いている見知らぬ外国人の姿が頭の中でむすびつき、不安を募らせている。その不安をみなで共有して、もっと不安になっている。そんな構図だ。

ドイツ人の気質を表すものに「ドイツ人の不安（German Angst）」という表現がある。物事を必要以上に心配し、集団ヒステリーを起こす、といったことをさして使われる。ＡｆＤの支持者には、この傾向がとりわけ強くみられるようだ。ケルン・ドイツ経済研究所の調査によると、「現在大きな心配をしていることは何か」との質問に対し、「犯罪の増加」と答えた人の割合は、一般の人が37％だったのに対し、ＡｆＤ支持者の間では、72％にのぼった。同研究所のクヌート・ベルクマン博士は「ＡｆＤの支持者は、他の政党の支持者に比べて、物事を悲観的に見る人が多い」と指摘する。ちなみに、同じ問いに対し、「社会的な連帯の欠如」と答えた人の割合は、一般が26％だったのに対し、ＡｆＤ支持者では49％にのぼっている。

党幹部たち

ＡｆＤは、ユーロ通貨に反対する経済学者が立ち上げた。だが、内部の権力闘争を繰り返すうちに「ドイツ文化」や「アイデンティティー」を重視する方向に傾いていく。

ハンブルク大学の教授だったベルント・ルッケが、ＡｆＤを設立したのは２０１３年2月のことだ。シュピーゲル誌のＡｆＤ担当記者メラニー・アマン著『Angst für Deutschland』（未邦訳、ドイツのための不安）によると、ルッケは発足にあたり、ティロ・ザラツィンに電話を入れ、党首への就任を依頼している。ザラツィンは、ＳＰＤの政治家でありながら、10年に出版した著作『自滅するドイツ』（前掲）でイスラム教系の移民に対し差別的な意見を表明し、大きな論争を巻き起こした人物であることは、前述の通りだ。ザラツィンはこのとき、ＳＰＤの党員であることを理由に、就任を断っている。

ルッケがザラツィンに白羽の矢を立てたのは、イスラム文化への懸念からではなく、「欧州にユーロ通貨は必要ない」とする主張にひかれたからだった。別々の国が同じ通貨を使用するには、同じような経済レベルを維持する必要があるが、南欧のギリシャにそれを求めるのは難しい。ユーロの維持を前提に、経済危機に陥ったギリシャを救済しようとすれば、ドイツなど経済先進国が支援する必要があるが、それはドイツの国益に反する。勤勉で節約を重んじるドイツ人が、なぜ、同じ労働文化を持たないギリシャを救済する必要があるのか——。ルッケが旗揚げしたのは、そんな「反ユーロ」政党としてのAfDだった。

AfDは発足当初、反ユーロ以外はほとんど共通の政策がない政党だった。

たとえば、ルッケは、経済活動への政府の介入をなるべく少なくし、民間企業の活動を重視する「自由経済主義」の信奉者だ。しかし、党員の多くは、その考えを支持しておらず、党設立の大会で早くも足並みの乱れが露呈する。その様子を右翼系の新聞「ユンゲ・フライハイト（若き自由）」はこう伝えている。

「1人の演説者が、欧州での水道事業の民営化を禁止するよう提案した。これに対し、ルッケ党首は、電話事業の民営化が通信費の下落につながったことを示唆して、水道事業の民営化を全面的に禁止しないと述べ、聴衆の怒りを買った。議論は感情的になり、提案は結局、却下された」

AfDを創設したベルント・ルッケ氏＝2013年9月、ベルリン

水道事業を民営化すれば、事業の効率化のために大規模なリストラが行われ、地方

の事業は切り捨てられるかもしれない。経済的な「弱者」への配慮を求める声と、ルッケの自由主義的な考え方がぶつかった。

同じような対立は、最低賃金や自由貿易協定の締結をめぐる論争にもみられた。「弱者のための政策」を求める人々は、最低賃金の引き上げを求め、米国とEUの自由貿易協定（TTIP）にも反対した。一方のルッケら自由経済主義者は、最低賃金は新たな雇用を創出する企業の意欲を減退させると考えた。TTIPについても雇用を生み出す絶好の機会と主張したが、結局「大企業を利するだけだ」との声に押されて、明確な路線を打ち出せなかった。

最も大きな対立は、難民受け入れやイスラム教徒に対する考え方だった。ルッケは、こうした社会問題にはほとんど関心がなかった。経済的な国益の視点からユーロ通貨を批判したものの、社会運動としての「ナショナリズム」に対してはむしろ冷淡だった。党名を決める際、「ドイツのための選択肢」ではナショナリズム的な色が強く出すぎるとして、「欧州のための選択肢」という名称を提案していたほどだ。のちに、極右色が強い人物の入党を断り、それがあだとなって党首を辞めることにもなる。

一方で、発足当初は、難民や移民に不満を募らせる勢力をあえて排除することもしなかった。支持率の向上に貢献する限り、最大限に利用しようとしたのだ。自らも時折、ポピュリスト的な言動で大衆をあおった。13年9月の総選挙では「われわれは世界の社会福祉事務所ではない」と演説し、難民が入ってくることに懸念を示してみせた。この言葉は、極右政党でナチスの信奉者も多いとされるドイツ国家民主党（ＮＰＤ）の幹部らが、かつて使っていたものだ。ＮＰＤは、政府が２０００年代に「民主主義を否定する団体だ」として連邦憲法裁判所に活動の禁止を申し立てた経緯がある、いわくつきの政党だ。ルッケがブランデンブルク門の前で、ユーロ通貨を模した紙を燃やすパフォーマンスは、ナチス時代の焚書《ふんしょ》を彷彿《ほうふつ》とさせるものでもあった。

ところが、総選挙でＡｆＤが議席をとれず、敗北すると、こうした勢力を制御できなくなる。14年の終わり、共同党首でありながら存在感の薄かったペトリと副党首のガウラントの２人は、反イスラム運動に理解を示さないルッケに対して、以下のような公開書簡を送り、対立が表面化する。

「われわれは選挙で支持基盤を大きく広げた。有権者の中には、ユーロ通貨だけではなく、我が国のほかの過ちも見直したいと考えている人たちがいる。それは、イスラム教徒の過度の影響を恐れ、欧州とロシアを対立させたくないと考えている人々だ。１人の人物がこれらすべての問題に対して向き合うべきではない。その１人が、これらの考え方を支持していない場合には、なおさらだ」

文中の「１人」がルッケを指すことは、だれの目にも明らかだった。ペトリは15年7月の党首選挙でルッケを追い落として主導権を握る人物。ガウラントはペトリが権力闘争に敗れて17年に離党した後、党首を引き継いだ人物で、現在も名誉党首と連邦議員団長を兼ねる党内きっての実力者だ。

15年7月にエッセンで開かれた党大会は、荒れに荒れた。民族主義の台頭を懸念していたルッケは、ここで「イスラム教徒には寛容な態度をとるべきだ」と訴える。だが、その声は、ヤジと怒号にかき消される。「やめろ」「裏切り者」。ルッケが「ドイツ国籍を持つイスラム教徒にはどう向き合うべきか」と問いかけると、「追放だ、追放だ！」の合唱が巻き起こった。「演説を最後まで全うできなかったのは、以前、極左に邪魔されて以来のことだ」。後日、ルッケはこう振り返っている。

一方のペトリは「イスラムの国は西洋の基準には合わない。右翼となることをだれも恥じる必要はない」と訴え、喝采を浴びた。約3300人に及ぶ投票の結果、ペトリが圧勝した。ルッケはまもなく離党し、新たな政党を立ち上げたが、17年の総選挙で議席をとることはできなかった。

しかし、ペトリもまた、右翼の思想に完全に心酔しているわけではなかった。そのことがあだとなり、やがて党を離れていくことになる。

ペトリは1975年、ザクセン州で技術者の父親のもとに生まれた。旧西独のルール地方に移り住み、英国の大学に進学。卒業後、ドイツに戻ってゲッティンゲンで化学の博士号をとり、化学製品を作る会社を起業した。幼少期を過ごしたザクセン州時代は、26人の秘密警察員に囲まれて育った、と地元メディアに語っている。ユーロ危機のさなか、メルケルの采配に対してだれもが口をつぐむのを目の当たりにし、自由にモノを言えなかった旧東独時代を思い出したという。そんな経験もあって結党当初から加わり、頭角を現した。

記者会見するフラウケ・ペトリ氏＝2017年4月、ベルリン

前掲書『Angst für Deutschland』によると、AfDの議員には、二つの類型が存在するという。

自らの信念を実現していこうとする「イデオロギー派」と、あまり政治的信念のない「出世志向派」だ。小さいころから負けず嫌いで、論争好きなペトリ氏は、典型的な後者で、ユーロ政策以外はもともと自らの考えは薄かった。よく引き合いに出されるのは、13年に憲法裁判所が、イスラム教の学校教師に対して、勤務中にスカーフを身につけることを認めた際のペトリの発言だ。最初は「宗教的な寛容さを示すよいシグナルだ」と褒めたたえていたが、党員らから非難する声が上がるや、「立場を修正する」として「判決はイスラム教に対するキリスト教文化の優位を認めなかった」と批判に転じた。また、SPDが提唱し、15年に導入された最低賃金制度についても、当初は「企業を殺すものだ」として反対していたが、党員の声に押される形で途中から賛成に回った。党内の風向きをみて、主張を変える。そんな人物像が浮かび上がる。

ペトリには、AfDを単なる抵抗勢力に終わらせたくない、いつかは国民政党として政権を握る、との思いが強くあった。

17年9月にあった総選挙の翌日の記者会見。党首として率いた選挙で、初めて連邦議会に進出するという快挙を成し遂げたにもかかわらず、浮かない顔だった。発言を促されて切り出したのは驚きの内容だった。

「私は、もはやAfDの会派に所属することはない。これからは1人の議員として活動していく」。理由として挙げたのは、野卑な発言で世間の耳目を集めようとする党への不満だった。選挙結果が判明した直後、ガウラントが「われわれは、メルケルを追いかけて捕らえるのだ!」と発言したことに対し、「一般庶民が、建設的でないと感じる話し方だ」と強く反発した。会見の場で「2021年の選挙では、与党を目指す。そのためには現実的な政策を追求していきたい。アウトサイダー的な発言で新聞の見出しになるようでは、それは難しい」と言い放ち、ガウラントら党幹部があっけにとられる中、そのまま立ち去ったのだった。

その後、しばらくして党首についたのは、ガウラントだった。もうひとり、イェルク・モイテンという経済学者が２０１５年から共同党首を務めており、正確にいえば２人態勢だが、メディアの注目を浴びるのは、いつも政治家としての経験が長いガウラントだ。

ガウラントは１９４１年、旧東独のケムニッツで生まれた。59年に高校を卒業すると、勉学の機会を求めて旧西独側に移住した。まだベルリンの壁が築かれる前のことだ。父親が第１次世界大戦に従軍した軍人だったため、旧東独では「ブルジョア」とみなされ、大学進学の道が閉ざされたからだという。弁護士資格を持つインテリで、73年から40年もの間、ＣＤＵの党員だった。この間、政府の広報官を務めたり、ヘッセン州で州首相府の次官を務めたりした。新聞の編集者をしたこともある。

中道保守のＣＤＵの中でも、右寄りの立ち位置だったが、若いころはリベラルな行動もとった。１９７０年代、香港に旅行した際、ベトナム戦争を逃れてきた難民、いわゆる「ボート・ピープル」に出会い、２５０人をヘッセン州に連れて帰ってきたこともある。しかし、メルケルが首相となり、党がかつてないほどリベラルな方向に傾斜していくと、ＣＤＵから次第に心が離れていく。ユーロ危機で、事実上ドイツがギリシャの救済に乗り出すと、離党を決め、AfDに加わった。

ガウラントは、しばしば過激な発言でメディアの注目を集めてきた。

支持者を前にした政治演説では、シリアからの難民を「野蛮人」と切り捨て、「われわれは（難民の）子どもの目にだまされてはいけない」と厳しい口調で言い放つ。過去の歴史について「過去2回の世界大戦でのドイツ兵の仕事を誇りに思う権利がある」「ヒトラーとナチスは、ドイツ1千年の歴史の中では、とるに足らぬものだ（鳥の糞のようなものだ）」などと言って、批判を浴びた。

だが、実際に会って話を聞いてみるとドイツメディアが報じる極右のイメージとは、違った印象を受けた。

ベルリンの議員事務所でインタビューしたのは19年2月。かつてCDUの党員だったころ、英国エジンバラの領事館に勤務していたこともあり、流暢な英語を話す。

このころ、党内では、英国のEU離脱（Brexit）に続いて、ドイツも離脱（Dexit）すべきだ、との声が上がっていた。まずこの点を問うと、こんな答えが返ってきた。

「ドイツは過去2回の世界大戦で他国を侵略したという『特別な過去』がある。だから、どんな状況でも国際的な組織からひとり抜け出すのは、容易なことではないし、するべきではない」。ＥＵ改革で目指すのは、外交など政治的な領域にまで拡大したＥＵの機能を「単一市場」に後戻りさせ、各国の主権を再び強化することであり、決裂させることではない、という。共通通貨ユーロについても「ユーロをひとりで抜け出してドイツマルクに戻るなんてことはあってはならない。経済のレベルが比較的同じ程度の北欧だけで共通通貨を作ることを考えるべきだ」という。ユーロ危機の当時、ＣＤＵの閣僚からも「ギリシャをユーロから離脱させるべきだ」との意見が出ていたことを考えると、それほど極端な論ではないだろう。

愛国心やナショナリズムについての質問には「国家が存在する以上、国民をむすびつける精神的な絆としての愛国主義は不可欠」と述べた後、「ドイツには６００万人のユダヤ人を殺害したという重い過去がある。同じ敗戦国の日本と比べても、愛国心を口にするのは容易なことではないのだ」と話したのだった。

初代党首のルッケにしろ、ペトリにしろ、そもそもリーダーとしての資質に欠けていたところがあった。前掲書によると、ルッケは、高潔でロビイストなどを一切近づけない一方、独善的で怒りっぽく、そしてケチだった。ユーロ通貨からのドイツの脱退を求めて、ベルリン中心部でハンガーストライキをすると突然言いだし、周囲が説得して何とかやめさせたことがあった。党でクリスマスパーティーを開いた後、お店の定員にチップを一銭も払わなかったり、自らの演説会を聞きにきた聴衆から「ビール代」を徴収したりすることも平気でした。ペトリは、美しい容姿と歯切れのよい演説で一般党員の受けは良かったが、党幹部を信頼することはなく、近しい男性の欧州議員にテレビ討論会で代役を務めさせることすらあった。2人には党を率いるだけの人望がなかった。

ガウラントには、ベテランの政治家らしく、そうした浮ついたところがない。19年秋に意中の人物に党首を譲り、名誉党首兼議員団長として、采配をふるっている。

ここまで、3人の党首を取り上げてきたが、それぞれの権力闘争の狭間でキャスティングボートを握ってきた人物がいる。チューリンゲン州の党代表を務めるビョルン・ヘッケだ。もともとは歴史と体育を教える学校の教師で、15年3月、党内に民族主義色が極めて強いグループ「Flügel」（フリューゲル、「翼」の意）を旗揚げした。ルッケもペトリも、ヘッケを敵に回したことで事実上、党を追い出される形になった。ＡｆＤがしばしば「ネオナチ」と批判されるのも、ヘッケの存在によるところが大きい。

ヘッケは１９７２年、ノルトライン・ウェストファーレン州の小さな村に生まれた。祖父母は、第2次大戦までドイツ領で、戦後、ロシアに編入されたカリーニングラードの出自だ。避難民としてドイツに逃げ帰り、ヘッケは幼いころから、祖父母と寝食をともにしながら、当時の思い出話を聞かされて育ったという。戦後、旧ドイツ領から逃げ帰ったドイツ人には、ドイツ民族や文化に対して強い思い入れを抱く人々が少なくない。ヘッケが「ドイツ的なるもの」への傾斜を強めていったのも、祖父母の影響があったようだ。

ヘッケには常に危うさがつきまとう。時折、ナチスを彷彿とさせる言葉を使い、そのたびに批判を巻き起こす。15年秋の若手党員らを前にした演説では、ドイツの出生率の低さと難民の流入で「ゲルマニアの終わり」が生じている、と語った。「ゲルマニアの終わり」という言い回しは、ナチ時代に使われた言葉で、ドイツ人とユダヤ人の戦いを不可避とし、ユダヤ人の迫害を正当化するために使われたものだ。また、難民申請者の宿泊施設を「原理主義者の芽」が育成される「湿ったビオトープ」と表現したり、国家の運営については「真のエリート」が「偽のエリート」にとってかわらなければならない、と訴えたりするなど、ナチスやナチスの信奉者が使う用語を好んで用いる癖がある。

最も注目を集めたのは、17年1月のドレ

チューリンゲン州のAfD代表ビョルン・ヘッケ氏＝2019年9月、ブランデンブルク州ウェルダー

ステデンでの演説だ。ホロコーストの犠牲者を慰霊するために05年にベルリン中心部に造られた「ユダヤ人犠牲者記念館」を指して、「われわれドイツ人は、首都のど真ん中に『不名誉の記念碑』を造った世界で唯一の民族だ」と言い放った。批判を受けて後日、「不名誉はホロコーストの行為にかかる言葉で、記念碑を造ったこと自体ではない」と語ったが、詭弁《きべん》は明らかだった。ヘッケはこの演説で、戦前の過去を反省し続けるドイツの文化について「われわれを麻痺させている。180度の転換が必要だ」とも語っている。

「フリューゲル」の旗揚げにあたっては、もうひとり重要な人物が関与している。右翼系の出版社を経営するゲッツ・クビチェクだ。1970年生まれのクビチェクはドイツ連邦軍の元少尉で、ドイツを敗北に導いたナチスドイツやヒトラーを批判する一方、ドイツの長い歴史に民族のアイデンティティーを見いだし、愛国心を重視する「新右翼」の代表的な存在だ。ヘッケの盟友で20年近い付き合いがあり、定期的に若者を集めて思想教育を展開するなど、実践的な活動でも知られる。旧西独のバーデン・ビュルテンベルク州に生まれたクビチェクは、ドイツ統一後、旧東独のザクセン・アンハルト州の村に移り住んだ。19年2月にインタビューに応じたクビチェクは、緑の党に代表される「1968年世代」の考え方が蔓延する雰囲気が、肌に合わなかったと引っ越しの理由を語っている。

クビチェクは15年のはじめ、妻とともにAfDへの入党を申請するが、党首のルッケに断られてしまう。地元の州支部は入党を認めたが、党首として拒否権を発動したのだった。民族主義的な思想を毛嫌いしていたことに加え、クビチェクの身につける黒っぽいシャツが「ファシスト」を彷彿とさせるというのが、その理由だった。同じころ、党幹部に自分の側近を入れてほしいというヘッケの申し出もむげにしてしまう。

ここにいたって、ヘッケとクビチェクの2人は党首ルッケに対抗するべく、チューリンゲン州のエアフルトで開かれた州支部の大会で、党の方向性をかえる節目となる「エアフルト決議」の採択に動く。15年3月のことだ。

「われわれは有権者から受けた信頼を失おうとしている。必要もないのに、体制側の政治にどんどん適用しようとしている。われわれが抗おうとしてきたものに対して、あまりにも従順さを示しすぎた」。ルッケ指導部を名指しで批判していないものの、穏健派との決別の意思を示したことは明確だった。

党内グループの「フリューゲル」はこの決議に賛同した党員の集まりで、瞬く間に1千人を超えた。右翼政党の中の右翼グループといった位置づけだ。

このころのルッケには、もはや党内をまとめていくだけの求心力はなかった。ヘッケがネオナチ政党のNPDを擁護するような発言をしたのをとらえて、党籍の除名処分に乗り出すが、ガウラントら党幹部らの反対にあって頓挫してしまう。前述したように、この年の7月にあった党首選でルッケはペトリらに敗れるが、これは、フリューゲルがペトリの支援に回ったことが大きかった。

だが、そのペトリもまもなくヘッケと対立する。新党首として執行部を選出する際、ヘッケが推す人物たちを拒否したからだ。政権入りを本気で目指すペトリにとって、フリューゲルの存在は目障りでしかなかった。極右的な発言が目立つようでは、多数の有権者の支持を得られないと考えたからだ。

ヘッケは15年11月、欧州に移民としてやってくるアフリカ人を指し、「遺伝的に欧州人と異なる繁殖戦略をとっている」などと差別的な発言をする。これを機にペトリもまたヘッケの除名処分に動くが、共同党首のモイテンの理解すら得られず、自らの人望のなさと相まって、逆に組織の中で孤立していく。

いつも陰鬱な表情を浮かべるヘッケは、どこかミステリアスな雰囲気を身にまとう。その演説は扇情的で、ときとして神がかっているようにも聞こえる。

フリューゲルの年次総会が開かれる場所も、思わせぶりだ。会場は、神聖ローマ皇帝だったフリードリヒ1世の記念碑があるチューリンゲン州のキフホイザー。ドイツが危機に陥った際には、皇帝が眠りから覚めて国を救うという言い伝えがある場所だ。19年7月にあった総会では、ヘッケを個人崇拝するような動画が流れ、参加者が熱狂した。

ヘッケは、現在の政治体制を根底から否定するような言いぶりをする。たとえば、18年に出版した著書で、こんなことを述べている。

「多少の改革では十分ではない。ドイツの絶対性こそが物事を成し遂げるための保証になる。変化のときがきたならば、われわれは中途半端なことはせず、近代という瓦礫《がれき》を一掃するのだ」。あたかも暴力によって体制を転覆させるかのような言いぶりだ。ある政治集会では、EUを「ジョージ・ソロスの異常な精神を体現するグローバル・エージェンシー」とたとえた。グローバル資本主義を否定すると同時に、反ユダヤ主義的な発言と受け止められ、批判を浴びた。

そんなヘッケとフリューゲルの存在をドイツ政府がいつまでも看過しているわけではない。ドイツの民主主義は、「戦う民主主義」と呼ばれる。自由主義や民主主義を否定するような団体の芽を摘むため、さまざまな手段を有している。ナチスが、選挙という民主主義的なプロセスを経て、合法的に政権を握ったことの反省に立ったものだ。

そのひとつが、1950年に諜報を目的として作られた連邦憲法擁護庁の存在だ。内務省の下部組織で、団体の違憲性が高いと判断した場合は、憲法裁判所に政党活動の禁止を申し立てる。これまで、イスラムのテロ組織や共産党、NPDなどが監視の対象となってきた。

憲法擁護庁は2020年3月、ついにフリューゲルを「民主主義を危険にさらす可能性がある」として、監視の対象にすると発表した。今後、電話の盗聴をしたり、スパイを送り込んだりして、情報の収集にあたるという。

この決定を受けて、AfDのモイテン党首ら執行部は、フリューゲルに解散を命じた。当初は反発したヘッケだが、4月末をもって解散することに応じた。モイテンも出席する中、キフホイザーで行われた解散式で、ヘッケはこう語った。

「われわれの成功の歴史は、引き続き記述され続けるだろう。なぜなら、われわれの精神は党の中に残り続けるからだ」

AfDはナチスなのか

AfDの党員や支持者はナチスの思想を持った人々なのか。これまで、私が勤める朝日新聞の社内のみならず、社外の有識者の方々からも、幾度となく、こうした質問を受けてきた。私は「大半の党員や支持者は違う」と答えている。

それは、実際に会って取材をした多くの人々から得た印象だ。彼らはナチスを崇拝しているわけではない。ゲルマン民族の卓越性を口にするわけではなし、ユダヤ人を殺害した過去を否定しているわけではない。ましてや、生存圏を求めて他国に攻め入ったことに理解を示しているわけでもない。ヘッケがナチス時代の言葉を使って挑発的な発言をするたびに眉をひそめる支持者たち。ＥＵ議会の議員になった前述の弁護士マキシミリアン・クラーさんは「ヘッケが党の中心にくることは絶対にあってはならない。そのときには多くの支持者が離れていくだろう」と語っていた。

彼らがなぜＡｆＤに投票するのかと言えば、それは、社会に「置き去りにされた」ことに対する抗議と悲しみからなのだ。とりわけ、旧東独の有権者にはそう考える人々が多いように思う。企業はより人件費の安い東欧や新興国に拠点を移すから、若者は仕事を求めて故郷をあとにする。一方で、政府はもはや立ち遅れた地域に積極的に投資しようとはしないし、手厚い失業保険で働き手を守るようなこともしない。彼らを「置き去り」にしたのは、新自由主義の思想に基づくグローバル経済であり、国内の不満にさして注意を払わず、ひたすら「外国に開かれたドイツ」を指向する政府のようにみえる。

もうひとつの背景にあるのが、国民の間にあるアイデンティティーの揺らぎだ。敗戦国のドイツは戦後長らく、自国の歴史を否定的にとらえてきた。自分の住む社会や国を愛し、誇ることができないという特殊な状況に、人々は少しずつ疲れてきているようにみえる。そんな状況に降ってわいてきたのが、15年の難民危機だった。中東などから１００万人以上の難民申請者が入国したことで、イスラムの文化を目のあたりにする機会が増え、人々は不安と脅威を感じた。キリスト教文化とは何か、それはイスラムと共存できるのか。インテリたちは自らにそう問い、一部の人々はデモや外国人に対する攻撃的な言動に打って出た。

もっとも、ネオナチやナチスの定義をヒトラーへの恭順ではなく、愛国主義や自国文化への愛着と解するのであれば、ＡｆＤはまぎれもなく、それらに該当することになるだろう。ドイツのメディアはしばしば、ＡｆＤにナチスのレッテルを貼るが、たいていはこうした文脈で使われている。ドイツ社会には、難民や移民の受け入れに対して消極的なことを口にするだけで「あいつはナチスだ」と決めつける風潮がある。そうした使い方をするのであれば、米国のトランプ大統領をはじめ、現在世界を率いる政治家たちの多くが「ナチス」に該当することになってしまうのだろう。「美しい国」を掲げ、愛国教育を進める日本の政府も、そうしたドイツ人の目には異様に映っているに違いない。

懸念されるのは、愛国主義や自国文化、共同体への愛着は、排外主義やファシズム（全体主義）に転じやすいということだ。多くのＡｆＤ支持者は「ドイツの文化を愛するが、他国の文化に比べて優れていると考えているわけでない」と口にするが、そもそも人の心理として、そんなことが可能なのか。何かを愛したり、誇りに思ったりすることは、ほかのものを愛さなかったり、さげすむことと紙一重なのではないか、との疑念がぬぐえない。支持者に旧東独圏の有権者が多いのは、権威主義や国家主義への抵抗が少ないことも理由に挙げられている。「旧西独圏と異なり、反ファシズム教育を自らの過去とむすびつける形で徹底してこなかったこと」（ドレスデン工科大学のハンス・フォアレンダー教授）が背景にあると言われる。自由主義社会の中で生きていく孤独に耐えられなくなったとき、こうした人々は比較的容易にファシズム的な思考に流れていくのではないか。

ドイツ政府やメディアが、ＡｆＤ台頭の背景にある社会的、経済的な要因に向き合わず、彼らを異端視すればするほど、ヘッケのような勢力が増長し、こうした懸念が現実のものとなっていくと、私は考えている。「もっと最初から彼らと向き合って、真っ向から議論するべきだった」。２０１６年9月に北部メクレンブルク・フォアポンメルン州であった州議会選挙で、ＡｆＤに惨敗したＣＤＵの候補者がそう話していたのを思い出す。メルケルの選挙区があるこの州で、このときＣＤＵは初めてＡｆＤの得票率を下回ったのだった。

《インタビュー》

◆アレクサンダー・ガウラント氏「われわれは右派リベラル」

ＡｆＤは政党として何を考え、どこに向かおうとしているのか。ナチスの再来となる可能性はないのか。アレクサンダー・ガウラント党首（当時。現名誉党首）に聞いた（２０１９年２月にインタビュー）。

――ＡｆＤは連邦議会に初めて進出しました。とりわけ旧東独で支持率が高い理由をどう分析しますか？

「旧西独では、ＣＤＵやＳＰＤが長い歴史を持っている。カトリックはだいたいＣＤＵの支持者であり、労働組合はＳＰＤの支持者だ。旧東独地域では、こうした支持母体が弱く、既存政党とのつながりも薄い。新政党のＡｆＤの支持率が旧東独で高いのは、そのためだ」

――15年に多くの難民申請者が入国した後、支持率が急増しました。

「われわれは、メルケルの難民政策を受け入れない唯一の政党だ。メルケルは、内相が慎重な姿勢を示していたのにもかかわらず、ドイツ国境を閉鎖しない方針を決めた。その結果、何件かの殺人事件が起こり、ケルンの事件にみられるような性的ハラスメントも発生した。それが旧東独のみならず、旧西独でも一定の支持を集めた理由だ」

――この1～2年でドイツにやってくる難民の数は激減しています。支持率を維持できますか？

「維持できると思う。難民という名目でやってきた人々は、学校、病院、社会で大きな問題を引き起こしている。政府は、難民と認定されなかった人々を母国に送り返すとしているが、現実的にはできないだろう」

――ドイツには過去、NPDや1983年に設立されたリパブリカンズなどの極右政党が存在しましたが、いずれもその勢いは長続きしませんでした。AfDは今後も存在し続けることができると思いますか？

「彼らとAfDを比べてはいけない。NPDは、ヒトラーの国家社会主義ドイツ労働者党（ナチ党）の後継であり、イデオロギーを引きずっている。われわれはこの種のイデオロギーを全く受け入れない。リパブリカンズは、1990年代に難民申請者の増加に伴って注目を集めたが、政府が規制を強化したことで勢いを失った」

――先の連邦議会選挙では12・6％の得票率でした。今後、20％を超える自信はありますか？

「現実的な目標だと思う」

――メディアなどでAfDが「極右」と称されることについて、どう思いますか？

「ドイツのメディアは左翼系だからね。彼らは、わたしたちに極右というレッテルを貼ることによって民主的な議論から排除しようとしている。ワイマール共和国時代に右派リベラル（rightwing liberals）と位置づけられていたものを今日ではナチスと呼んでいる。中道が左にずれて、CDUもメルケルと一緒に左にずれた。極右というレッテルは、われわれがもっと政策をアピールし、有権者の支持をさらに獲得することによって、克服できる。もし、20%の支持を集めることができたら、だれも我々をナチスとは呼ばないだろう」

――支持拡大のための戦略をどう考えていますか？

「一貫した社会政策と経済政策を持たなければいけない。年金や社会保障政策だ」

――党に投票する人々の中には、極端な人々もいます。

「それは確かだ。若い政党にはありがちな問題だ。それまで他の政党ではうまくやっていけなくなった人々が集まるわけで、極端な連中を引き寄せてしまう。緑の党も最初はそうだった。しかし、民主主義社会では、政党から特定の人物を一方的に追い出すのは難しい。政党法があるからだ。SPDが、（人種差別主義者として批判している）ティロ・ザラツィンを追い出せないのと同じだ」

――今年１月（２０１９年）の党大会で、幹部がBrexitならぬDexitを提案しました。ＥＵからドイツは抜けるべきですか？

「欧州で共通市場を作ったのは良いことだが、政治機構まで統一する動きには賛成できない。ＥＵは国家ではないのだから、議会は必要ない。単一市場のほかは必要ない。フランスの国民連合、イタリアの北部同盟や五つ星運動と一緒になって、ブリュッセルの官僚機構を改革していく。もし、われわれの改革案が実現しないのであれば、ＥＵを抜けることも検討するが、ドイツは過去２回の世界大戦で他国を侵略したという『特別な過去』がある。だから、どんな状況でも国際的な組織からひとり抜け出すのは、容易なことではないし、するべきではない」

インタビューに応じるＡｆＤのアレクサンダー・ガウラント名誉党首＝2019年2月、ベルリン、峯岸進治氏撮影

――共通通貨ユーロはどう変えるべきですか？

「ユーロをひとりで抜け出してドイツマルクに戻るなんてことはあってはならない。経済のレベルが比較的同じ程度の北欧だけで共通通貨を作ることを考えるべきだ」

――ＥＵ内を自由に移動できると定めたシェンゲン協定についての考え方は？

「ＥＵとＥＵ域外の境を守るための各国共通の政策があれば、この協定は良いものだ。しかし、実際には機能しているとは思わない。規則では、難民が最初に入国した国が責任を持って難民申請を受け付けなければならないとしているが、そうなっていない。だから、それぞれの国は自らの国境を守らなければならない」

――欧州に共同体があったからこそ、戦後70年以上も域内で深刻な戦争が起きなかったと言われています。

「戦争が起きなかったのは、昔よりもずっと欧州各国の力が弱くなったためだ。もはや帝国といえる国は存在しない。英国は、フォークランド諸島を守るのでさえ難儀した。ＥＵが平和をもたらしたなどというのは、ナンセンスなことだ」

――ＡｆＤは愛国心の必要性を全面に出しています。なぜ、愛国心は必要なのですか？

「緑の党や左翼系の人々は、愛国心は必要ないと考えているが、国家が存在する以上、国民をむすびつける精神的な絆としての愛国心は不可欠だ。スイスやルクセンブルクなどどんなに小さい国でも愛国心は必要とされている。ドイツでは学生運動の中心となった1968年世代が愛国心を否定したが、いま政治的な状況は変わった。しかし、一方でドイツには600万人のユダヤ人を殺害したという重い過去がある。同じ敗戦国の日本と比べても、愛国心を口にするのは容易ではない」

――ドイツという枠組みではなく、欧州全体としての「欧州愛」のようなものは持てないのですか？

「愛国心を持つためには、ある種の文化的な感情を共有する必要がある。各国はそれぞれ異なる歴史を背負っている。たとえばドイツ人は（第1次世界大戦でフランス軍がドイツ軍を撃退した）マルヌの戦いを覚えていない一方で、フランス人はよく記憶している。国家的な感情やアイデンティティーというものは、一国の中でのみ可能なのだ。必要とされる共通の基盤、それは言語であり、歴史であり、そして日常の経験なのだ。新聞ひとつとってみても、欧州共通の新聞なんてない」

◆ゲッツ・クビチェク氏「人々はアイデンティティーを必要としている」

ガウラントやヘッケと親しく、その思想を支えていると言われるのが、1970年生まれで、出版社を経営するゲッツ・クビチェク氏だ。ナチスを否定する一方、現代ドイツで愛国主義の再興を訴える「新右翼」の思想的支柱でもある。なぜいま、ドイツに愛国主義が必要なのか。旧西独の都市に生まれ育ち、いまは住民200人ほどのザクセン・アンハルト州の村に住む同氏のもとを訪ね、考えを聞いた（2019年3月にインタビュー）。

――ずいぶんと小さな村に住んでいますね。

「2000年にこの村に引っ越してきた。ここでは、どの家も鶏やアヒルを飼い、野菜を栽培している。毎週、だれかの誕生日があり、みなで集まって祝っている。ここには連帯感があり、すばらしい村だ。私もヤギや鶏を飼い、チーズや卵は自家製だ。ヘッケやガウラントとよくこうした話をするのだが、人々は豊かさを限りなく求めたり、より自由な移動を望んだりする考え方から、解放されなければならない。それがAfDの根底にある思想でもある」

――まるで緑の党のようですね。

「緑の党も最初は禁欲的だったが、あるとき、それでは票が取れないことに気づいた。いまや菜食主義者用に加工された食品や、さして環境にやさしくもないエコ製品を愛用するなど工業化社会にどっぷりつかっている。彼らがたどったように、ＡｆＤも集票を意識するあまり、主張がどんどん変化していくのではないかと私は恐れている」

――右翼思想に目覚めたのは、いつごろからですか？

「１９９０年代半ばに左翼による反ファシズムの動きが強まった。ベルリンの壁が崩壊した後、左翼は社会主義や共産主義への関心を失い、右翼たたきに力を入れ始めたのだ。私は右翼がヒトラーと同一視されることに危機感を覚えた。愛国心や保守を学ぶ場所を作らなければならないと思い、シンクタンクや出版社を立ち上げた。ＡｆＤは２０１３年に元々ＣＤＵの党員だった人々によって設立されたのであり、私たちが作ったわけではない。私は党の活動にそれほど興味はなく、ＡｆＤの相談役といった役割だ」

――新右翼の主張とはどういうものですか？

「ドイツには病的とも言える雰囲気がある。愛国主義が悪い、ということを50年も60年も聞かされ続け、『ドイツ』という言葉を聞いただけでびくっとしてしまうようになってしまった。愛国心を持つという人に対して、明日にでもユダヤ人を殺し、ポーランドやロシアに侵攻すると言い出すのではないか、というイメージを持ってしまった。私たちはこれを国家的マゾヒズムと呼んでいる。こうした異常な精神状態を変え、健全な愛国主義を育てたいのだ。ドイツにとって何が良くて、何が悪いのかをきちんと議論できる社会。そして、私たちの歴史を誇れる社会。ドイツには1千年の歴史がある。ナチスの時代も歴史に属してはいるが、だからといって大きな歴史全体が否定されるべきではない。愛国主義者にナチスというレッテルを貼ることで、彼らを本当に極右側に追い込んでしまうことになる。私たちがいるから、ナチスを信奉する極右にチャンスを与えないでいることができるのだと思う。若者たちには、ヒトラーは私たちの国を滅ぼしたひどい政治家であること、犯罪者であり、裏切り者であることを教えなければならない」

――なぜいま急速に愛国主義が支持を集めているのでしょうか？

「私たちは大きな時代の転換点にいる。グローバル化が進み、社会がオープンになればなるほど、そして不確実性が増せば増すほど、

インタビューに応じる新右翼の活動家ゲッツ・クビチェク氏＝2019年3月、ザクセン・アンハルト州シュタイグラ

人々はアイデンティティーを求めて国や民族を志向するものだ。その際、アイデンティティーというのは、個としての私がだれか、という意味ではない。明確な構造の中に位置づけられるものだ。つまり、私は菜食主義者、女性、という概念ではなく、私はドイツ人であり、家族の一員、というアイデンティティーだ。グローバル化のイデオロギーには、解放された『個』と『世界』しか存在しない。国境を越えて動き回り、そうした世界観の中で生きていける人は2割くらいではないか。残りの8割の人は、家族や村、国といった枠組みを必要としている。なぜなら、個と世界の間に何も存在しなくなったとき、人は孤独と不安に耐えられなくなるからだ。ドイツは、米国のような『開拓者』の国ではない。国民の間には、社会の中での安定や安全を求める気持ちが強いと思う」

「一方、現実の世界に目をやれば、遠く離れた外国で金融危機が起きて、それがドイツの小さな村に伝播《でんぱ》しても、もはや国家は十分に守ってさえくれない。人々は自分を守ってくれるよりどころを必要としているのだ」

――戦前のドイツ社会を分析した社会学者エーリッヒ・フロムは、近代化で解放された個が孤独に耐えられなくなり、共同体への帰属意識を求めた結果、ファシズムが生まれたと分析しました。いまの状況と似通っていないでしょうか？

「私はフロムの分析が正しいとは思わない。19世紀の後半から20世紀前半にかけて、欧米では確かに工業化が急速に進み、それまであった社会のヒエラルキーは大きく変わった。しかし、他の国と異なり、ドイツではキリスト教的な社会倫理が機能し、個が置き去りにされることはなかった。公共の福祉が重視され、人は人として尊重された。ナチスが台頭する原因となったのは、近代を否定するような第1次世界大戦の惨状だった」

――若い人々を集めて、講習会を開いていると聞きました。

「週末に150人ほどを集めて、話をしている。2000年から始め、すでに3000~3500人が巣立って行った。AfDの思想的な教育を担っている。そのうち500人くらいが議員や党職員など何らかの形で今日、AfDの仕事にかかわっている。ガウラントやヘッケにも会い、影響を受けている」

――ネオナチの若者を引きつけ、育ててしまう結果になっていませんか？

「そういう若者は知的な活動に興味がないので、講習会には来ない。来たとしても長続きしない。願わくは、彼らが狂った考え方をやめ、何かを学ぶ機会になれば良いと思うのだが」

――AfDの支持者にはネオナチもいます。彼らをどうやってコントロールしていくつもりですか？

「ナチが再来する危険があると左翼は主張するが、それはありえない。私たちは、世界中のどの民族よりも歴史から学んでいるからだ。確かにあなたが指摘するような若者たちは存在する。

彼らに対し、考え方が間違っていると教えなければならない。若者の考え方は、ろうそくの蠟《ろう》のように柔軟だ。軍隊のような指導力と権威をもって教え込まなければならない。余談だが、私は教育的な理由から徴兵制が再び導入されるべきだと考えている。従うことを学び、法と秩序とは何か、民主主義とは何かを学ぶことができる。われわれの社会は、女性化し過ぎた。それは若い男たちの教育にはよくないことだ。私自身、かつて軍にいたことがある」

——難民政策のほかに、ＡｆＤはこれからどういう政策を打ち出していくべきですか？

「自国民をケアし、貧富の格差や対立が広がらないように経済システムを変えていかなければならない。旧東独の高齢者女性の年金が月８００ユーロ（約９万５千円）というのでは低すぎる。また、郵便や鉄道、銀行、大企業など、人々の生活を支える企業への国家関与を強めていかなければならない。ニーダーザクセン州が出資しているフォルクス・ワーゲン社は、人件費が高いからといってすぐに製造拠点を移したりしない。それでも世界有数の企業だ。外交ではロシアとの関係を強化していかなければならない」

——ＡｆＤは人々の不満をすくい取るだけの抵抗政党から、責任政党になれますか？

「まだ早い。当面は与党の誤りを指摘していくのがＡｆＤの役割で、エスタブリッシュメントの一部になるべきではない。ＡｆＤは単に政策を提示するだけではなく、国家と市民の関係を変えていく政党でなければならない。難民の受け入れ政策でメルケル首相は、『われわれなら成し遂げることができる』と言ったが、成し遂げるべきかどうかは本来、国民が決めることであり、首相が決めることではない。重要なことは国民自身が決める社会を作っていくことだ」

◆フォルカー・ワイス氏「ＡｆＤは近代化したナチ」

ＡｆＤを危険視する見方はドイツには強い。『ドイツの新右翼』（新泉社）などの著作がある歴史家のフォルカー・ワイス氏もそのひとりだ。ＡｆＤはなぜ危ういのか。台頭の背景には何があるのか。考え方を聞いた（２０１９年3月にインタビュー）。

――ＡｆＤはナチスを批判していますが、それでも同一視されるのはなぜですか。

「ナチスが登場する以前のドイツにも、右翼の歴史がある。ナショナリズムや愛国心、反ユダヤ主義、人種主義などは19世紀以前にまでさかのぼれる。ＡｆＤなど現代の右翼が巧妙なのは、ナチスより前の右翼の考え方に寄り添っていることだ。その立場から、戦争で敗者となってしまったナチスを批判する。ヒトラーやヒムラーではなく、ナチスが参考としたカール・シュミットやオズワルド・シュペングラーらの考え方を引用している。ナチスとＡｆＤは確かに異なるが、親戚関係にあると言える」

――ナチスは、アーリア人種の優位性を掲げ、約６００万人のユダヤ人を殺害しました。それを正当化する声は党内からは聞こえません。

「ＡｆＤの幹部は『人種』の代わりに、『民族文化』という言葉を使う。しかし、その文化というものは、血統や民族の精神など生物学的な前提条件によって決定づけられている、と彼らは考えている。近代化したナチといえる。『われわれは、あなたたちよりも優れている』とは決して言わないが、一方で『それぞれの民族はそれぞれの特性から離れられない』と考えている」

――あなたは、自書の中で、ナチスに批判的な現代の右翼を「新右翼」と称し、自由主義に批判的で権威主義に賛成する人々として位置づけています。

「彼らは、ナチス以前のドイツ帝国にあこがれを抱いている。英雄的な帝国と自らをむすびつけ、そこに自分のアイデンティティーを見いだそうとしている。思想家のアドルノが言うところの集団的ナルシズムだ。グローバル化が進み、世界中の品物や人々に囲まれる中で、彼らはアイデンティティーを失うことを恐れている。ＡｆＤ内右派のヘッケの取り巻きたちは、チューリンゲン州のキフホイザー山脈で会議を開くが、ここは神聖ローマ皇帝が再び現れ、帝国を再構築するという伝説があるところだ。日本の靖国神社のような位置づけだろうか。ガウラント党首は、『大戦を戦った兵士を誇るべきだ』と言ったが、軍人たちは多くの市民を殺していることを忘れてはならない」

「彼らにとっての主要な敵は1968年世代(反ベトナム戦争の学生運動。ナチスの過去と向き合い、その後の環境運動や女性解放運動につながった)だ。リベラリズムというのは、彼らにとって裏切り者なのだ」

――AfDが連邦議会に進出するほどの大きな支持率となった背景をどう考えますか?

「ドイツには常に右翼的な考え方をする一定数の人々がいた。金融危機、さらには難民の流入をきっかけに人々の危機感をあおり、支持を集めた」

――旧東独でとりわけ支持率が高い。

「旧東独は1968年を経験せず、過去にも向き合っていない。旧西独の民主化は敗戦の1945年に始まったのではなくて、196

歴史家のフォルカー・ワイス氏=2019年3月、ハンブルク

０年代に世代交代とともに起きた。本当の意味での近代化だった。旧東独では、ナショナリズムというものが擁護されていたこともＡｆＤとの親和性を高めている。ライプチヒに、かつてプロイセンがロシアと組んでナポレオンに勝利した『ライプチヒの戦い』の記念碑があるのだが、東独時代には政治的プロパガンダの場所として利用されていたのが象徴的だ」

――かつての共同体が崩壊した旧東独の人々にとって、ＡｆＤの「故郷は大事だ」という言葉が響くようです。

「疎外という現象は、自由主義につきものだ。疎外の問題が生じる半面、秘密警察にすべてを聞かれたり、政府にすべて報告しなければならなかったりすることはなくなった。私にとって旧東独のような社会は地獄だ。連帯感が失われ、個々が対立する社会を決して好ましいとは思わないが、それでもリベラルな社会では、われわれはしたいことをし、何にでも反対することができる」

――健全なナショナリズム、という考え方はあり得ないのでしょうか？

「そのようなものは信じない。なぜなら、ナショナリズムは、内と外を区別する概念だからだ。私は自分が書いた本や子どもたちが成し遂げたことに誇りを持つが、自分の国や言語を誇りたいとは思わない。世界には、国や民族以外にもさまざまなアイデンティティーがある。みな、もっと落ち着いてこの問題を考えるべきだ」

——ＡｆＤは今後、どうなると思いますか？

「米国や中東などの状況にもよるだろう。米国は第1次大戦後、ずっと政治的な『正しさ』を演じてきたが、もはやそれが期待できなくなった。難民を生んだシリアの内戦や、トルコの状況も影響してくる。そして、イスラムの狂信者たちの動きも重要だ。これらが静かに推移すれば、ＡｆＤも大きく伸びることはないと思うが、私は悲観的だ。今後、既存政党はＡｆＤとの連立にひかれることがあるかもしれないが、ヒトラーを利用しようとして結果的に政権をのっとられた戦前の政党の教訓を思い出してほしい。ＡｆＤは、極右を追い出すなどと言っているが、自浄作用は期待できない。なぜなら、それを言い出したとたん、票を失うからだ。そしていつか、彼らは党内のコントロールを失うだろう」

第2章　メルケルのドイツ

「自国第一主義」が、世界中にはびこるようになった。EUからの離脱に踏み切った英国、メキシコとの間に壁を築き、保護貿易に傾く米国。フランスなど欧州各国でも、移民や難民受け入れに反対し、EUから距離を置く政党が力を増している。背景にあるのは、グローバリズムの中で揺らぐ市民のアイデンティティーであり、新興国との競争で仕事を奪われた先進国の人々の不安だ。ドイツで右翼政党のAfDが台頭したのも、こうした世界の潮流に沿ったものだ。

しかし、メルケルという人物が首相でなければ、状況はいささか異なっていたかもしれない。なぜなら、メルケルは中道右派の政党を率いながら、左派寄りの政策をとり、結果的に有権者の選択肢を狭めてしまったからだ。徴兵制を廃止し、脱原発に舵を切り、ドイツの財政力を担保にしてユーロの救済にも動いた。地球温暖化問題にも取り組み、パリ協定の締結でも中心的な役割を果たした。極めつきは、2015年9月シリアなどからやってくるたくさんの難民の受け入れを決めたことだった。こうした政策が、ＳＰＤや緑の党などリベラル政党との違いを見えにくくしてしまった。

政策が横並びとなる中で、間隙を縫って台頭してきたのがＡｆＤだった。風力発電の普及には、電気価格の上昇が庶民の暮らしを圧迫しているとして反対。原発の稼働期限の延長を求め、「地球温暖化は人為的なものではない」として、火力発電の継続も求めている。ギリシャの財政問題に端を発したユーロ危機では、救済策がドイツの国益に反するとして、ユーロからの離脱を訴えた。難民の受け入れに厳しい対応をとっていることは、前章で述べた通りだ。これら主要政党の政策に不満を持つ有権者は、ＡｆＤを選択するしかなくなってしまったのだ。

なぜ、保守政党に身を置きながら、リベラルな方向に舵を切ったのだろうか。メルケルを好意的にとらえる人は、牧師だった父親の影響や、自由な生活にあこがれて育った旧東独時代の経験にその原点をみる。彼女の政治姿勢は、育った家庭環境や経験の中で培われた信念や理念に基づいている、というわけだ。一方、批判的にとらえる人は、彼女の風見鶏的な狡猾《こうかつ》さや、権力欲に、その理由をみる。

答えはたぶん、その中間にある、と私は思っている。

世界の民主主義の守り手

「オバマが世界の舞台から去ったとき、メルケルがリベラルな西側陣営の最後の守り手になるかもしれない」

米ニューヨーク・タイムズは２０１６年11月12日付の電子版で、こんな見出しをつけた長文の記事をのせた。この年の６月、英国は国民投票でＥＵから離脱する方針を決め、人やモノの流れを自由化する方向から、保護主義的な方向へと舵を切った。フランスは、オランド大統領の支持率が凋落し、マリーヌ・ルペン党首率いる極右政党「国民戦線」（現国民連合）に足元を揺さぶられていた。そして11月８日の米大統領選では、共和党のドナルド・トランプが民主党のヒラリー・クリントンを破って勝利した。ポピュリズムの潮流に対抗し、自由で開かれた世界を引っ張っていくのは、いまやメルケルしか残されていない――。記事はそう分析していた。

メルケルがリベラル世界のリーダーとして認識されるまでには、いくつかの世界的な危機があった。それを乗り越えるたびにカリスマ性を増していった。

最初は、ギリシャで09年に隠れ財政赤字が発覚したのを機に始まったユーロ危機だ。対応が注目されたのは、欧州一の経済力を誇るドイツだった。ドイツの支援なくしては、財政基盤の弱い加盟国の国債は売られ続け、ひいてはユーロ通貨も暴落するかもしれない。だが、国内には「自分たちの税金で、なぜ他国を救わなければならないのか」といった声が強く、ショイブレ財務相ら閣内からも「ギリシャをユーロから離脱させるべき」との意見が出ていた。

当初は支援に慎重だったドイツに、オバマ大統領などから批判の声が浴びせられる。しかし、最終的にメルケルは、国内の反対意見を説得しつつ、フランスなどとともに救済策のとりまとめに動いていく。度重なる二国間支援に加え、危機に陥った国の政府や銀行に融資するため、ドイツが最大の出資者となって新たな機関（ＥＳＭ、欧州安定メカニズム）も発足させた。民間の銀行を説得して、これらの国々に対してもつ債権を放棄させた。一方で、欧州中央銀行（ＥＣＢ）のドラギ総裁も、危機に陥った国の国債を無制限に購入することを発表し、市場の混乱は次第に収まっていく。

「欧州なくしては、ドイツが強くあり続けることはできない」。メルケルが好んで使う言葉だ。２０２０年春、新型コロナ危機に苦しむイタリアに支援の手をさしのべた際にも、この言葉を使った。ＥＵという枠組みがあってこそ、域内の平和が保たれ、経済的にも安定する。そんな理念を感じさせる。

ユーロ危機がまだ冷めやらぬ14年はじめ、ロシアがウクライナのクリミア半島を併合した。このとき、西側を代表してプーチン露大統領との交渉にあたったのがメルケルだった。この半年前、オバマ米大統領は演説で「米国は世界の警察官ではない」と話し、外国での紛争に極力介入しないことを明言していた。自国の財政状況が思わしくないことや、アフガニスタンやイラクで介入した「対テロ戦争」により、米国内で厭戦《えんせん》気分が高まっていたことが背景にあった。「ロシアによるクリミア半島の併合は、ウクライナの憲法と国際法に違反する行為であり、断じて受け入れられない。欧州の時計の針を19、20世紀に後戻りさせてはならない」。連邦議会で決意を述べたメルケルは、プーチンに電話を入れて交渉に乗り出す。ＥＵとしてロシアへの経済制裁を科す一方、紛争が続くウクライナ東部にドイツの外相を派遣したり、欧州安全保障協力機構（ＯＳＣＥ）に提案して文民監視団を派遣したりして、事態の収拾に動く。ドイツは歴史的にも経済的にもロシアと深い関係にあり、ロシア語に堪能なメルケルは事実上、オバマから交渉役を委任された形となった。クリミア半島は併合されたままの状況が続いているが、ロシアとウクライナは19年12月、メルケルとマクロン仏大統領が仲介する形で、ウクライナ東部の停戦に合意した。長年ドイツは安全保障でリーダーシップを発揮することには臆病だったが、そのイメージを一新する出来事となった。

そして、シリアの内戦激化を機に15年に起きた難民危機。多くの難民たちが、経済大国のドイツを目指して欧州にやってきた。ハンガリーやオーストリアなど中継国が戸惑う中、メルケルは他の欧州主要国にはかることなく、入国を認めてしまう。「欧州で難民申請をする者は、最初に入国した国で申請しなければならない」というＥＵ内の規則を破っての判断だった。欧州への難民の流れは予想を超えて膨らみ、ドイツだけでも短期間で１００万人超が入国した。

この判断は、難民受け入れの割り当てを求められた周辺の国々、とりわけ、異文化慣れしていない東欧諸国の反発を招いたばかりではなく、英国がＥＵ離脱を決める遠因になったと指摘する声もある。だが、メルケルはこれを機に「難民に寛容な宰相」として、世界のリベラル勢から喝采を浴びることになる。米誌タイムは２０１５年の「パーソン・オブ・ザ・イヤー」（今年の人）にメルケルを選び、独誌シュピーゲルは、マザー・テレサに模したメルケルの顔を表紙に掲載して「Mutter Angela（マザー・アンゲラ）」と銘打った。このときの決断により、現在でも毎年のようにノーベル平和賞の候補にメルケルの名前が挙がる。

トランプが米大統領選に勝利すると、再び世界の注目を集めた。「ドイツと米国は共通の価値でむすびついている。それは、民主主義であり、自由であり、出身地や肌の色、宗教、性別、性的指向、政治的な立場とは無関係に存在する人権の尊重だ。次期大統領のトランプ氏には、この価値観の上に立った協力関係を提案していきたい」。各国首脳のコメントが、通り一遍の祝辞や、米国との「特別な関係」（メイ英首相）を強調する中で、異例のメッセージだった。ドイツ政府の関係者によると、事務方が用意したコメントはもう少し無難で儀礼的なものだったが、メルケルが自分の意思で内容を変えてしまったのだという。

称賛したのはメディアだけではなかった。大統領選後にベルリンを訪れたオバマは、メルケルと会談し、その後の記者会見でこう語った。「私がドイツ人なら、次の選挙でメルケルに入れるのだが」。退潮していく世界のリベラル勢力を支えるのは、彼女をおいていない。そんな思いが込められていた。

ニューヨーク・タイムズの記事が出てから8日後の11月20日、メルケルは首相４選に向けて立候補することを表明する。そこで、世界のリーダーとしての期待が集まっていることについて自ら切り出し、こんな言葉を口にする。「光栄なことだが、非常にグロテスクだし、ばかげてもいる」。そして続けた。「だれひとりとして、１人では世界を良き方向に作り変えていくことはできない。ドイツの首相も然りだ。ほかの多くの国と一緒に一歩一歩、妥協と前進を重ねていかなければならないものなのだ」

だが、その言葉とは裏腹に、その後もトランプと対照をなすリベラルのリーダーとして脚光を浴び続けることになる。

トランプは、とにかく「メルケル的」なものが大嫌いらしい。

年が明けた1月、ワシントンで英タイムズ紙、独ビルト紙のロングインタビューを受け、その中で激しいメルケル批判、ドイツ批判を展開する。

大統領選に勝利した理由について「堅強な国境管理を主張したからだ」と持論を述べたうえ

で、メルケルの難民政策について「壊滅的な過ちを犯した」と、ベルリンで発生したテロ事件にわざわざ言及して攻撃した。さらにEUを「ドイツのための乗り物」「貿易交渉で米国に対抗するために作られたもの」と位置づけ、英国は早期に離脱すべきだとも述べた。そして、米国が輸入するドイツ車に対して、大幅に関税を引き上げることを示唆し、独自動車業界を震え上がらせたのだった。

両首脳に冷たい空気が流れる中、メルケルは3月17日、ワシントンを訪れ、トランプとの首脳会談に臨んだ。「グローバリゼーションは開かれた方法でなされなければならない」「ボーダー（国境、EU境界）は守らなければならないが、難民の生活にも十分に配慮しなければならない」と共同記者会見で念押しするメルケルに対し、トランプは「貿易は（収支の不均衡がなく）フェアでなければならない」「テロや暴力から米国民を守らなければならない。移民は権利ではない」と譲らない。大統領執務室での恒例の写真撮影の場面。記者から握手のポーズを求められ、メルケルがトランプの顔をのぞき込みながら「握手しましょうか」と尋ねたのに対し、トランプは前を見据えたまま応じようとしない。カメラの前での首脳同士の握手を拒んだトランプ。米大統領としては前代未聞の行動だった。

続いて5月には、イタリア南部のシチリア島でG7サミットが開かれ、トランプは大統領就任後、初めての国際会議に臨んだ。ここでもドイツをやり玉に挙げることから始めた。「ドイツはひどい。ドイツが米国で売っている何百万台もの自動車をみてみろ」。直前のEU首脳との会談でこう言い放つと、G7会議でも「フェアな貿易」を声高に訴え、貿易赤字が解消されない以上、関税の引き上げに踏み切る用意があると脅した。気候変動対策のための国際的な枠組み「パリ協定」からの離脱検討を表明し、難民の権利を重視することをうたった特別声明にも反対した。首脳会議の宣言文は、前年の伊勢志摩サミットの「パリ協定発効に向け、可能な限り早期の批准や承認を得るよう必要な措置をとる」との表現から大きく後退し、「米国は気候変動とパリ協定に関する政策を見直すプロセスにあるため、これらの議題についてコンセンサスに参加する立場にない」と記述された。首脳宣言のうち、パリ協定については、米国は一切関わらないという異例の表明だった。

業を煮やしたメルケルは、サミットの翌日、ミュンヘンのビアホールで、支持者を前にこんな発言をする。「われわれ（欧州）が他国を完全にあてにできた時代は終わりつつある。欧州人は本当に、自らの手で自分たちの運命を決めていかなければならない」

「他国」が、トランプ率いる米国であることは明らかだった。メルケルによる対米決別宣言――。メディアはそんな論調で刺激的に報じた。米独間の歴史をひもとくと、戦後の両国関係は常に良好だったわけではない。1970年代には人権・平和外交を標榜するカーター米大統領と、現実主義のシュミット独首相が軍縮の方針をめぐって激しく対立した。２０００年代初頭には、ブッシュ（息子）大統領の米国が、大量破壊兵器の保有を理由にイラクに対する軍事攻撃の準備を始める中、同盟国ドイツのシュレーダー首相が不参加を表明し、関係が悪化する。だが、今回の両首脳の亀裂は、これらを上回るという。シュピーゲル誌（２０１７年6月3日付）は、米独間で人権や表現の自由といった基本的な価値観をもはや共有できていないことを理由に「第2次大戦後、今回ほど断絶が明らかになったことはなかったし、疎遠が深刻化することはなかった」と分析した。

米国が6月1日にパリ協定からの離脱を正式に表明すると、メルケルは、フランス、イタリアの首脳とともに、米国の対応を批判する声明文を出す。声明文はパリ協定について「不可逆的であり、再交渉されるべきものではない」としたうえで、「すみやかに実行することを再確認し、気候変動と闘う行動を加速させることをすべてのパートナー国に促す」と訴えた。

間髪を入れず、「トランプ包囲網」に向けて動き出す。

7月7日からハンブルクで開かれるG20サミットで、欧州や日本ばかりではなく、中国やロシアといった国々も取り込んで、トランプを説得する作戦を描く。各国の首脳と個別にコンタクトをとり、協力を取り付けて回った。

開幕前日の6日、ベルリンに習近平・中国国家主席を招き、自由貿易協定とパリ協定を推進していくことで合意する。共同記者会見では「ＥＵと中国の投資協定や自由貿易協定の締結を急がせたいと思っている」と話すメルケルに対し、習は「信頼関係を深めるために素晴らしい対話ができた。両国関係は新たな始まりを迎えようとしている」と応じた。中国側はこのとき、ベルリン動物園にパンダを贈呈して親密ぶりをアピールしている。

一方、ロシアのプーチン大統領は同日付の独経済紙に寄稿し、Ｇ20への全面的な協力を約束する。「開かれた貿易こそが世界的な経済成長を加速させ、国際関係を改善していく」とし、「パリ協定は信頼できる国際的なフレームワークであり、実施に向けてベストを尽くす」と表明した。

サミット本番は、メルケルの思惑通り、米国対19カ国の構図で展開される。首脳宣言は、米国のパリ協定離脱を認めつつも、米国に対して「(温暖化ガスの）排出を減らすアプローチをとること」を約束させ、さらに他国が再生可能エネルギーを利用するのを米国が助けることも認めさせた。一方で、米国以外の国々は「パリ協定が不可逆的であることを表明する」とし、協定の完全な実施に向けて速やかに行動することを確認した。

独メディアによると、メルケルは、最悪のシナリオとして、首脳宣言から気候変動問題をはずし、19カ国だけで別途、行動計画を発表することを想定していたという。パリ協定からの離脱を思いとどまらせることはできなかったとはいえ、19カ国が結束して対応を迫り、米国から一定の譲歩を引き出した。自由貿易問題では「あらゆる不公正な貿易慣行を含む保護主義と闘い続ける」との内容で決着し、記者会見でメルケルは「市場は開かれたものでなければならず、保護主義や不公正な貿易と闘う。それを明確にできたことに満足している」と笑みを浮かべた。

難民受け入れは不可抗力だった

15年に及ぶメルケル政権で、最も強く「リベラル色」を印象づけたのは、難民の受け入れだろう。ただ、その実情は、慈悲深さから出た判断というよりも、緊急避難的なものだった。メルケルのリベラル色はどこからくるのか、ということを推論する前に、当時の状況をおさらいしておきたい。

シリアから欧州に向けて北上してくる難民の数は、11年に始まった内戦が激化するに従って、徐々に増え始めていた。15年3月に来日したメルケルは、朝日新聞東京本社で行った講演で、次にように述べている。

「大きな課題は、北アフリカやシリア、イラク、アフガニスタンなどからの難民です。一部には、バルカン諸国からもきています。昨年は20万人の難民申請があり、今年はさらに多くなるかもしれません。これが私たちの直面している一番大きな課題と言えるでしょう」

そのあとに続けて、いささか楽観的な見通しも示している。
「ただ、ドイツ人のあいだでは、これまでなかったような、移民受け入れに肯定的な姿勢も出てきています。ドイツの労働市場は非常にいい状態で、この何十年と比べて失業率が低いことも関連しているでしょう」

この年に難民申請を求めてドイツに入国した人は89万人に上り、翌年も28万人に達した。イスラム教人口の増大を警戒する右翼政党が急速に台頭し、やがて自らの政治生命を縮めることになるとは、このときは夢にも思わなかっただろう。

15年の夏、数万人の人々がバルカン半島を北上して、ハンガリーにたどりついた。目指すのは、ドイツだ。ドイツは戦後、基本法（憲法）で難民の保護をうたう世界でもまれな国となった。難民申請を希望して入国すれば、当面の住まいと生活費が与えられる。仕事を得て生活を立てなおすことを夢見る人々がドイツを目指した。

いらだったのは、ハンガリーだ。EUの規則は、難民が最初に入国した国に対して、難民の審査と保護を義務づけている。たいていはギリシャやイタリアが「最初に入国したEUの国」となる。この手続きを無視する形でハンガリーに入国してきた人々をどう扱うか。多数のイスラム教の難民を自国で受け入れるには、国民的な理解が得られないし、ドイツほどの経済大国でもない――。オルバン首相が選択したのは、難民らが入国してくるセルビアなどとの国境にフェンスを設ける一方、すでに入国した難民については、ドイツに向けてのさらなる通過国にあたるオーストリアに引き取りを求めることだった。「これはドイツの問題だ」。オルバンは、こう言って憚《はばか》らなかった。

止めどもなく欧州に押し寄せてくる難民たち。8月27日には、ハンガリーからオーストリアに向かう高速道路のうえで、停車中の大型トラックから71人の遺体が見つかった。冷凍トラック内での窒息死だった。9月2日には、トルコからギリシャに向けて地中海を渡ろうとしていたシリア難民のボートが沈没し、3歳の男児が遺体となって浜辺に打ち上げられた。顔を砂に埋め、波打ち際に横たわる無残な男児の姿は世界中に衝撃を与えた。悲劇が相次ぐ中、メルケルが決断を迫られたのは、9月4日金曜日の夜だった。

「至急電話で話したい」。西部ケルンでCDU党員を前に講演していたメルケルの元に、オーストリアのファイマン首相からこんなメッセージが届く。オルバンから難民の受け入れを求められたファイマンは、困り果ててメルケルに相談してきたのだった。もし隣国のドイツが受け入れを承諾しないままオーストリアだけが受け入れを決めた場合、負担に耐えきれなくなってしまう。受け入れるのなら、ドイツと一緒でなければならなかった。

この日、ハンガリーに留め置かれていた難民たちのうち、数千人が自力でオーストリア国境に向かって歩き始めていた。劣悪な滞在環境に耐えかねてのことだった。ハンガリー政府はこごとばかりにバスを仕立てて彼らを乗せ、オーストリア国境への運搬を始めた。メルケルに電話で状況を説明するファイマン。もし、受け入れを拒み、ハンガリー政府に対応を一任すれば、警察官が暴力を使って排除に動き出すことは見えていた。多くのけが人が出ることが予想された。「そのような状況は何としてでも避けなければならない」と話すメルケルに対し、「そうなってしまっては、欧州は終わりだ」と応じるファイマン。「大臣たちと相談する」。メルケルはそう言っていったん電話を切った。

副首相のジグマール・ガブリエルに連絡し、受け入れの承認を求める。ガブリエルは、バスで国境に運ばれてくる難民たちを「一度だけの例外的措置」として受け入れることに同意した。ガブリエルは、連立を組むSPDの党首も務めている。続いて、CSUのゼーホーファー党首にも電話をかけ、了承を得ようとするが、休暇中のゼーホーファーは電話にでない。SMSを送るも無駄だった。ゼーホーファーは後日、難民を受け入れたメルケルを厳しく指弾《しだん》し、政権を危機に陥れる人物でもある。ベルリンの自宅に戻ったメルケルは、外務省や内務省の関係者にも立て続けに電話で連絡し、EUの規則との整合性を確認する。そして、ついに受け入れを決断する。

翌5日未明、難民への吉報はファイマンのフェイスブックでもたらされた。

「ハンガリーのオルバン首相と話し合い、ドイツのメルケル首相と調整の結果、以下のことを決めた。今日の緊急事態に照らし、難民がオーストリアとドイツに入国することに合意した」。この知らせは、SNSを通じてすぐに広がり、ハンガリーなど各地に留め置かれていた数万人の難民申請希望者が一斉にオーストリア、ドイツに向けて動き出す。当初は、バスでやってくる数千人を例外措置として受け入れる予定だったが、この週末だけで約2万人がドイツに到着する。押し寄せる人々を前に、政府は身分証明書や過去の犯罪歴をチェックすることなく入国を認めざるをえず、事実上、コントロールを失った状態となった。この中にはシリアのみならず、イラクやアフガニスタンの人々も交じっていた。

のど元に包丁を突きつけられるようにして、受け入れの決断を迫られたメルケル。しかし、その後も国境を閉じることなく受け入れを続けたのは、彼女の積極的な意思だった。ドイツの治安当局は1週間後の12日、約100人からなる部隊を21部隊もオーストリア国境に派遣し、国境を閉鎖する準備に入った。だが、メルケルは、閉鎖に必要な命令を最後まで出さなかった。一方で、難民の中継地点となっているトルコのエルドアン大統領と交渉し、EUがトルコに巨額の支援金を払う代わりに、難民を同国に留め置いてほしい、と依頼し、その協定が翌年3月に発効する。以降、欧州に流入する難民の数は大きく減少するが、メルケルはドイツ国境を閉鎖することには頑として反対を続け、ハンガリーのフェンス設置についても非人道的な行為として批判を続けた。

自由を夢見た東独時代

メルケルは１９５４年7月17日、ハンブルクで生まれた。父親のホルスト・カスナーはプロテスタントの牧師で、メルケルが生まれてわずか数週間後に、一家で東独のブランデンブルク州に引っ越した。カスナーは宗教が抑圧の対象だった旧東独で、あえて布教活動に取り組む。豊かな森と湖があるテンプリンの自宅には、教会が運営する知的障害者のための施設が近接し、幼いころから日常的に障害者らと接して生活していたという。ちなみにメルケルがカスナー姓を名乗っていないのは、最初の結婚相手の姓をそのまま使っていることによる。

政府は、市民が自由に外国に渡航したり、西側のメディアに接したりすることを禁じていた。メルケルが公式の半生記として認めている『ANGELA MERKEL : Die Kanzlerin und ihre Welt』（シュテファン・コーネリウス著、未邦訳）によると、こうした窮屈な社会にあっても、メルケルは自宅で西側のテレビやニュースを見て育った。学校でもトイレで隠れてラジオを聞き、旧西独の内閣の顔ぶれはそらんじることができるほどだったという。

「ベルリンの壁の向こうで暮らしていた私は、映像や書物を通じてアメリカのイメージを自分で作り上げなければなりませんでした。私はアメリカン・ドリームに夢中でした。努力することでだれもが成功できるチャンスに恵まれるのです」

「私は東ドイツでは手に入らなかったアメリカのジーンズに夢中でした。ジーンズは西ドイツにいる叔母が、ときどき送ってくれるものでした」

首相として米国を訪れた2009年、米上下両院合同会議でこう演説している。

学校のクラスでは、沈黙することを体で学んだ。1968年の夏に家族でチェコスロバキアを旅行した際、メルケルら子どもを部屋に置いて外出した両親が「プラハの春」を目撃することになる。14歳のときのことだ。話を聞き、興奮冷めやらぬまま学校に戻ったメルケルは、クラスでそのことを話題にする。しかし、先生たちが事件について全く触れないのをみて、民主化運動が失敗に終わったことを直感する。そして、口をつぐんだ。

「旧東独時代を経験したことの大きなメリットは、沈黙を学んだこと。それは生き延びるための戦略のひとつでした」。後日、そう語っている。もし、事件について触れ回ったり、自宅で西側のメディアに触れていたことがばれたりしていたら、高校を無事に卒業することすらできなかっただろう。

成績は抜群で、高校の卒業試験は最上級を示す「評価1」だった。数学のセンスだけではなく、ラテン語と英語の教師だった母親の語学の才能を受け継ぎ、全国のロシア語大会で入賞し、モスクワでの国際大会にも出場している。

子どものころにキュリー夫人にあこがれ、ライプチヒ大学で物理学を研究、卒業後はベルリンの科学アカデミーで研究生活を送る。ベルリンの壁が崩れる３年前の１９８６年、いとこの結婚式に出席するため、生地ハンブルクを旅行している。ベルリンの壁が１９６１年に建設されて初めての西側への旅行だった。このとき、乗車した西ドイツ鉄道のインターシティ特急列車の技術の高さに驚く。そして、南西部のカールスルーエやコンスタンツなどに研究者らを訪ねて回り、彼我《ひが》の差を肌で感じて帰国する。「社会主義のシステムは、もはや生き残ることはできないと確信した」。当時の旅行をそう振り返っている。

ベルリンの壁が崩壊したとき、科学アカデミーの研究者だった35歳のメルケルは突然、政治に目覚める。このとき、身を寄せる政党として、いくつかの選択肢があった。複数の市民団体が立ち上げ、後に西独の「緑の党」と合併する「同盟90」、東独での活動を再開したばかりのＳＰＤなどだ。だが、当時まだ原発は必要と考えていたメルケルにとって、同盟90の選択はありえなかったし、ＳＰＤには親近感を感じたものの、過度な平等主義が肌に合わなかったという。

このころ偶然、通っていた教会を通して、反体制牧師のライナー・エッペルマンに出会う。エッペルマンは、ベルリンの壁が崩壊する１カ月前に反体制組織の「民主主義の出発」（ＤＡ）

を立ち上げ、後に党首となった人物だ。メルケルはDAに入党して報道官となったが、翌年3月の人民議会選挙でわずかな議席しか獲得できず、8月に東独のキリスト教民主同盟（CDU）に吸収されてしまう。そして、まもなく東独CDUと、西のCDUが一緒になり、今日のCDUに籍を置くことになる。

メルケルのリベラリズムの根底に、牧師であった父親の影響があるとみるのは、メルケルと20年以上の付き合いがあり、2005年から13年まで閣僚として政権を支えたアネッテ・シャバーンだ。シャバーンは、いまは亡きメルケルの父カスナーとも交流があり、多くの時間をともにしている。16年11月、駐バチカン大使として取材に応じたシャバーンはこう振り返った。「カスナーはカリスマ的な人物で、旧東独にあっても人々は信心を失わないようにすることが自らの責任であると感じていた。その娘として、メルケルもキリスト教には深い関心を持っている」。カスナーは、牧師の中でも指導的な立場にあり、教会には教えを請う多くの牧師たちが出入りしていた。メルケルも彼らと親しく交流していたという。

私が取材に訪れる数週間前にも、メルケルと電話で信仰のあるべき姿について意見を交わしたといい、「彼女はプラグマティスト（理念に引きずられない現実主義者）だが、人間の尊厳の話になるとキリスト教徒として、政治家として妥協を許さない」と語った。難民を前に国境を閉ざさなかったのも、そうした精神性によるところが大きかったという。

メルケルは、必ずしも父親と同じ方向を向いていたわけではない。やはりカスナーと親交があったジャーナリストのフォルカー・レージングは「彼は西ドイツに批判的で左翼的な思想の人物だった。一方のメルケルは、西ドイツに恋い焦がれていた」と話す。ビルト紙の元記者で歴史家のラルフ・ゲオルク・ロイトによると、カスナーは教会関係者の間で「赤い牧師」と呼ばれ、社会主義の中に理想郷を見ていたのだという。事実上の独裁政党だったドイツ社会主義統一党（ＳＥＤ）は当時、東独のプロテスタント教会を東西の統一組織であるドイツ福音主義教会から分離させ、社会主義と融合的な道を歩ませようとしており、カスナーはその国家戦略に組み込まれていた、とロイトはみる。

ただ、見ていた方向性は違っていても、メルケルがキリスト教の信仰において父親から影響を受けたことは確かなようだ。雑誌「クレド（信条）」のインタビューで、「両親から信仰とは何かを教えられた。父親のミサにもよくたずねた」と明かしたうえでこう語っている。「いまは教会にはめったに行かない。首相の私が日曜の朝に教会に行けば、まわりがざわついてしまうから。でも私はいつも、信仰と向き合っている」「信仰は私に教えてくれる。すべての人と同じように私もまた間違いを犯す人間であり、重要なポストにいるからといって、絶対を追い求めてはならないと」

人間の尊厳への思いについて、シャバーンの発言を裏付けることをメルケルは自ら著書の中で語っている。「ヨーロッパの価値観は、人間の尊厳についての観念に要約されています。神の似姿として人間を理解するキリスト教は、国籍や言語、文化、宗教、肌の色、性別などによらないあらゆる人間の平等をわたしたちに教えています。それゆえ政治の基準は国家ではなく、政党でも人種でも階級でもありません。国家のあらゆる活動の中心には、人間とその不可侵の尊厳があるのです」（『ヨーロッパの価値』『神は誠実なり』2010年所収、未邦訳）。これは、移民やイスラム教徒を嫌悪するトランプが米大統領選に勝利したときに、メルケルが投げかけた言葉でもある。

ただ、メルケルは宗教を決して妄信してはいない。1995年に行ったドイツ福音主義教会の大会の講演で次のように述べている。「誰かが『それを信じる』というたびに、わたしはしばしば反感を覚えていました。東独の初期のころは、たとえばマルクス主義についてのディスカッションのときなどに、よくそういうことがあったのです。そんなに単純にマルクス主義を信じることができるなんて羨ましいな、とさえ思うことがありました。問いただしもせず、単純にそれを主張し、不安にもならず、疑わず、与えられた基準に従って行動する。しかしこの行動は他者を顧みないものでした。目的が手段を正当化してしまうからです。わたしが求めた聖句が意味しているのは、こうした種類の妄信ではないと思いました」。メルケルにとって、キリスト教とは、行動を束縛する絶対的な戒律ではなく、心の底でいつも静かに流れる通奏低音のようなものなのだろう。

東独時代に自由への渇望を経験している彼女にとって、戦地から逃れてくる人々を前に国境を閉鎖するという選択肢はありえなかった。そう語るのは、フランクフルター・アルゲマイネ紙の記者で、『DIE DEUTSCHE. ANGELA MERKEL UND WIR』（邦訳『強い国家の作り方　欧州に君臨する女帝　メルケルの世界戦略』）の著者ラルフ・ボルマンだ。

メルケルが側近に語った内容として、ボルマンはこんな話を私に明かした。

「ベルリンの壁が崩壊する最初のきっかけになったのは、１９８９年8月、当時共産圏だったハンガリー政府がオーストリアとの国境を開いたことだった。多くの東独市民がハンガリー、オーストリアを経由して西ドイツに逃げた。あれがなければ東西ドイツの平和的な統一もなかったし、現在の欧州もなかった。そのハンガリーが再び、人々の自由な往来を妨げる舞台となる事態をメルケルは何としても避けたかった」

89年のこの事件は「汎《はん》ヨーロッパ・ピクニック」として歴史に刻まれている。ピクニックを装ってハンガリー・オーストリア国境に集まった東独市民６００人が一斉に国境を越えた事件だ。ハンガリー政府はあえて発砲せずに越境を許し、それがやがてベルリンの壁の崩壊につながっていった。

シリアからの難民が押し寄せる前のユーロ危機で、メルケルはギリシャなど南欧諸国を支援する見返りとして、年金受給の削減を含む厳しい構造改革を求めていた。その厳しさから、彼女の顔写真にヒトラーのひげを描いたポスターが市民デモで掲げられるほどだった。多数の難民が非業の死を遂げる中で、これ以上、欧州各国に非人間的なイメージを与えるのを避けたかったというのも動機だった、とボルマンはみる。

「日和見主義」批判も

抑圧された東独で自由への思いを強くしたメルケルが、父親から受け継いだキリストの信心を胸に、リベラルな政策を次々に打ち出していく――。そうしたストーリーを真っ向から否定する見方もある。信念のない日和見主義者で、権力を得るためには手段を選ばない冷徹なマキャベリスト。そんな見方だ。

たしかに、彼女が打ち出したリベラルな政策のうち、自身が短期間に考え方を変えたものは、少なくない。

たとえば、経済政策。野党時代の03年、ＣＤＵの党大会で党首として「ライプチヒ決議」と呼ばれる経済改革案をまとめている。年金支給年齢の引き上げ、医療保険制度の構造改革といった福祉削減が柱で、英国のサッチャー元首相ばりの新自由主義的な内容だ。「われわれの価値ヒエラルキーの中で、自由が再び重視されなくてはならない」「自由なくしては何もなしえない」。当時、小さな政府や競争社会を「自由」という言葉で表現し、こう主張している。

しかし、05年の総選挙で辛勝し、首相になるや、この方針を軌道修正する。失業者が受け取ることができる手当の受給期間を延長したり、一部の業種で最低賃金制度を導入したりするなどの政策に力を入れていく。選挙で勝ったものの、ライバルのＳＰＤに対してわずか４議席差での勝利となったことで、路線を修正したのだった。

原発をめぐる政策の変遷は、日本でもよく知られている。もともと、政府が原発の全廃を決めたのは00年にＳＰＤと緑の党が政権にあったときだった。当時19基あった原発を22年ごろ（原則として運転開始後32年）までに廃止することを決定した。ところがメルケル政権は10年9月、温暖化効果ガスの削減や産業競争力の維持を名目として、稼働期間を平均12年延長することを決めてしまう。もともとＣＤＵは原発の継続に積極的だったことに加え、電力業界などのロビー活動を受けてのことだった。

しかし、11年3月に東京電力福島第一原発の事故が起きると、方針を再度転換し、22年までの脱原発を決める。テレビで流れてくる福島原発の様子にショックを受けたことを理由に挙げたが、世論の動向、とりわけ事故直後にあった州議会選挙の結果が大きな影響を与えたといわれる。同月に行われた南西部バーデン・ビュルテンベルクの州議会選挙で緑の党が大勝し、同党が初めて州首相のポストを獲得したのだった。それまでCDUが強い州だっただけに、メルケルが受けた衝撃は大きかった。脱原発は、環境問題へのメルケルの信念からというよりも、選挙を勝ち抜くための術だった、というわけだ。

難民・移民政策も例外ではない。野党の党首だったころ、移民の積極的な受け入れを進める与党（SPDと緑の党の連立）の法案に対し、受け入れの上限を示していないことなどを理由に反対を表明している。「新たに移民を受け入れる前に、いまいる外国人の子どもたちの統合を改善しなければならない」。こんにちのAfDの政治家たちに近い発言だ。

また、15年7月に北部ロストックで開かれた市民対話では、ドイツ国内にとどまることを求める14歳のパレスチナ難民の少女に対し、「レバノンの難民キャンプには多くのパレスチナ難民がいて、ドイツは全員を引き受けることができない」と冷徹にあしらい、テレビカメラの前で少女を泣かせてしまっている。この対応に対して、視聴者から大きなバッシングを浴びる。押し寄せる難民への「門戸開放」を決めるのは、この2カ月後のことだ。

批判の目は、東独時代にも向かう。

前述のビルト紙元記者のロイトによると、父親のカスナーが体制に協力的だったことに加え、メルケル自身もドイツ社会主義統一党の青年組織である「自由ドイツ青年同盟」で指導的な立場にあり、それ故に、大学進学を認められたのだという。同じ牧師でも社会主義体制に批判的だったヨハイム・ガウク（後のドイツ大統領）の子どもたちは、大学への進学を拒まれている。

かつての科学アカデミーの研究仲間ハンス・イェルク・オステンは、メルケルが統一後のドイツで閣僚になるや、新聞への投稿で「どうやったら、人はこんなにも早く変われるのか、ぞっとするばかりだ」と語っている。オステンによると、メルケルは自由ドイツ青年同盟の宣伝局の書記として積極的に活動し、ゴルバチョフ旧ソ連大統領の社会主義改革に関心を寄せていたとはいえ、体制に闘いを挑むような人間ではなかったという。旧東独出身でメルケルと親しく、1990年代前半に連邦交通相を務めたギュンター・クラウゼも、メルケルが宣伝局書記としてマルクス・レーニン思想の普及に務めていたと証言している。メルケル自身は、青年同盟に所属していたことは認めているものの、宣伝局の書記であったことは否定している。ジャーナリストの質問に対し、「文化担当として劇場のチケットを手配したり、朗読会を組織したりしていただけ」と釈明している。

一方、「冷徹なマキャベリスト」とみられているのは、自らの後ろ盾だったコール元首相を名誉党首の座から追い落とした経緯によるところが大きい。

メルケルはドイツ統一の直前、首相だったコールに面会を申し入れ、自ら存在をアピールしている。政党の合併によってCDUの党員になることが決まっていたとはいえ、まだ、連邦議会議員になる前のことだ。東独の女性をもり立てることで「統一」の精神をPRしたかったコールは、その後、議員になったメルケルを閣僚に任命し、女性・青少年問題相、環境・自然保護・原発保安担当相などを担わせる。

「コールの娘」とまで呼ばれたメルケルが大胆な行動に出たのは、コールが献金スキャンダルにまみれた99年末。幹事長となっていたメルケルは、大胆にも新聞への投稿を使って批判を繰り広げ、コール名誉党首を片隅に追いやり、その後やはりスキャンダルで辞任したショイブレの後を継いで自ら党首に就任してしまう。入党してわずか10年。異例中の異例とも言えるクーデター人事だった。「父親殺し」。党内からはそんな声も上がった。

体制に順応して権力者にとりいり、ここぞというタイミングで追い落としにかかる。自らが権力者になってからは、世論の風を読んで、変貌自在に姿を変える。そんな批判がいまなお、ついて回る。

サッチャーの英国との違い

ただ、特派員として彼女を3年間、間近にみてきた筆者の経験からすると、「日和見主義」

や「権力欲に満ちたマキャベリスト」という見方は、偏っているという印象を受けざるを得ない。むしろ、「メルケルはプラグマティストだが、人間の尊厳の話になると妥協を許さない」とした前述のシャバーンの見方に分があるように感じる。

「妥協を許さない」彼女の姿勢を最も強く感じたのは、難民受け入れから約１年後の16年７月28日にあった記者会見でのことだ。

この直前、難民として入国してきた若者によるテロ事件が相次いだ。18日には南部バイエルン州で、17歳のアフガニスタン少年が斧で列車の乗客らを次々と襲い、５人に大けがをさせ、警察官に射殺された。自宅から過激派組織「イスラム国（ＩＳ）」の旗がみつかった。１週間後の24日には、やはり同州で、シリアからの難民申請者が、野外音楽祭の会場近くで自爆テロを起こし、12人を負傷させた。ＩＳから指示を受けての犯行だった。

社会が大きく動揺し、受け入れへの批判が強まる中、メルケルは夏休みを中断して会見を開いた。そ

相次ぐテロ事件を受けて記者会見するメルケル首相＝2016年7月、ベルリン

こで語ったのは、次のような言葉だった。

「人間の尊厳は不可侵であるという基本法（憲法）の精神にとどまるべきだ」「歴史的な挑戦だが、われわれなら成し遂げることができる」。難民として入ってきた人がテロを起こしたのは残念だが、全員がテロリストというわけではない。これからも受け入れを続けよう――それが彼女のメッセージだった。

足元では同盟（ＣＤＵ・ＣＳＵ）の支持率は下がり続けていた。1年前まで40％を超えていた世論調査の支持率は、この時点で10ポイント近く下げていた。難民政策が影響しているのは明らかだった。「われわれなら成し遂げることができる」という言葉は、前年に難民を受け入れるにあたってメルケルが訴えかけたもので、ドイツの決意を示すものとして世界的な注目を集めた。しかし、この言葉に「賛成できない」という人は、この時点で66％にも達していた。党内からも、受け入れ制限や早期の送還を求める声が強まっていた。

圧倒的な逆風が吹く中でも主張を曲げないメルケル。私は敬意を越えて、ある種の神々しささえ感じたのを覚えている。

もし、日和見主義者だったら、ここまで頑なな態度をとり続けただろうか。

この年の12月19日、ベルリン中心部でクリスマスマーケットに大型トラックが突っ込み、12人が死亡するテロ事件が起きる。犯人はまたしても難民申請者として入国していたチュニジア人の男だった。

その直後、新年に向けた年末の挨拶でメルケルはこう訴えた。「爆撃されるシリアの写真を目にして思う。保護を必要としている人々を助けたこと、そして私たちのもとで立ち直っていくことがいかに重要で正しいことだったかと」。受け入れの制限には一切触れることはなく、民主主義とは何か、正義とは何かを国民に語りかけたのだった。

メルケルにはたしかに「機を見るに敏」なところがある。17年の総選挙直前には、自らの信念を曲げて同性婚を認める法律を成立させ、党内保守派から批判を浴びている。批判派は、しばしば英国のサッチャー元首相と比較して、彼女の信念のなさを嘆く。サッチャーは「鉄の女」と呼ばれ、国民にそっぽを向かれても新自由主義的な論説を曲げなかったことで知られる。

しかし、英国とドイツでは政治の仕組みが異なることを考慮しなければ、フェアとは言えないだろう。単純小選挙区制の英国と違い、比例代表を制度の柱とするドイツでは多くの政党が議会でせめぎあう。このため、連立政権が不可避で、安定した政権運営を維持するためには常に妥協を余儀なくされるのが現実だ。かつては、同盟と小政党の自由民主党（ＦＤＰ）、あるいはＳＰＤと緑の党で連立を組むことができた。だが、同盟はキリスト教会の影響力の低下によって、ＳＰＤは労働組合の衰退によって力を失い、こうした組み合わせで議会の過半数を握るのが難しくなった。05年以降、伝統的にライバル関係にあった同盟とＳＰＤが「大連立」を

3度にわたって組まざるを得ないのは、そうした構造的な理由による。同性婚を合法化したのは、ほかの政党がこぞって「法制化に反対する政党とは次に連立を組まない」ことを明らかにしたためで、安定政権の樹立のためにはやむを得ない選択だった。ちなみにこの法案の採決にあたってメルケルは「党員の良心に従って投票してほしい」として党議拘束はかけなかった。法案は339票対226票で成立したが、自身は反対票を投じている。

《インタビュー》

◆アネッテ・シャバーン氏「人権問題では妥協しない」

メルケルとはどういう人物なのか。なぜ、多くの難民申請者を受け入れる決断をしたのか。彼女の数少ない「盟友」とも言える存在で、メルケル政権の閣僚やバチカン大使も務めたアネッテ・シャバーン氏に聞いた（2016年11月にインタビュー）。

――メルケル首相はなぜ、多くの難民を受け入れる決断をしたのでしょうか？

「まずはドイツ社会に難民を受け入れる素地があったことを指摘したい。ドイツにはさまざまな市民団体や自治体組織があり、とりわけキリスト教会の組織はモラル的な要請から受け入れようとしていた。メルケルは、社会が何を求めているのかをよく知っていた。だからこそ決断した。もし反対の行動をとっていたら、メディアは、どんな反応をしただろうか。国境には差し迫った状況の難民が多く詰めかけていた。国境を閉じてしまうことは、危険な状況を招きかねなかった」

――彼女の父親は旧東独で働くキリスト教牧師でした。そうした出自も影響したのでしょうか。

「父親のことはよく知っている。何時間も一緒に散歩をして語り合ったこともある。カリスマ的な人物で、旧東独にあっても人々は信心を失わないようにすることが自らの責任で

インタビューに応じるアネッテ・シャバーン氏＝2016年11月、バチカン

あると感じていた。その娘として、メルケルもキリスト教には深い関心を持っている。先日も彼女と将来のキリスト教徒のあり方について話し合ったばかりだ。彼女は、西側の自由な社会にあこがれて育った。自由とは何か、連帯とは何か、人々の尊厳とは何かについて自分なりの考え方を持っており、それが今回の決断にも影響したと思う」

――メルケルは元来、プラグマティックな考え方をする人なのでしょうか？　それとも信念、理念の人なのでしょうか。

「多くの政治的な局面で、プラグマティックな考え方をする。私やほかの政治家と同じように。たとえば徴兵制を中止したのは、平和的な信念というよりは、極めて合理的な理由があったから。該当年齢の若者の十数％しか実際に兵役を引き受ける人がおらず、議論するような問題ではなかった（多くは代わりに社会奉仕活動を選択した）。一方で彼女には、明確な信念で行動する局面がある。それが人権の問題であり、人間の尊厳の問題。これに関しては決して妥協を許さない。キリスト教徒として、そして政治家として」

「彼女にとって、キリスト教徒であるということは、単に世界を理解するための思想や哲学ではない。何かを創造したり、物事を自由に決めたりする際の価値基準なのです。首相４選に向けた出馬会見で、『私はいまもなお創造的なのか。新しいものに関心を持っていられるのか。それを決断にあたって自問した』と話していたでしょう。彼女にとって、宗教とは、常に新しい課題に立ち向かうための基礎。私は十分な知識を得たから、それで終わり、ではない。むしろ、問いかけを止めるな、というのが人生のモットーだと言える」

――出馬会見では、「リベラリズムの守り手」になるという考え方は、グロテスクでばかげている、と言っていましたね。なぜ、そう考えるのでしょうか?

「そんなことを言ったら、ほかの国のリーダーを矮小化してしまうことになるから。彼女は、そうした振る舞いをする多くのリーダーを見てきた。他者に誤ったシグナルを送ってはならないことを骨身にしみて感じている。もう一つは、対話というものを大事にする価値観からだと思う。私は最後の守り手、と言った瞬間に対等な立場での対話ができなくなってしまう。とりわけ欧州では、チームワークが重視される。イタリアのレンツィ首相やフランスのオランド首相は、ドイツのそれも女性がリーダーとして振る舞うことは好まないでしょう」

◆ラルフ・ボルマン氏「愛読書はカール・ポパー」

メルケルが21年の任期まで首相を務めれば、コールの16年にならび、戦後最長になる。彼女が成し遂げたものは何だったのか。フランクフルター・アルゲマイネ紙の記者で、著書『強い

国家の作り方　欧州に君臨する女帝　メルケルの世界戦略』（前掲）もあるラルフ・ボルマン氏に聞いた（2017年8月にインタビュー）。

――メルケルの政治的な強さを支えたものは何ですか。

「20世紀の前半に大きなカオスを経験したドイツ人にとって、『安定』が何よりも重要な価値観。メルケルは、安定を擬人化したような人物だ。金融危機のような混乱にあってもいつも冷静で、国民を安心させる。欧米諸国や旧西独出身の政治家たちは『世界の経済システムが崩壊する』とパニックになったが、メルケルは『世界の終わりではない』と言わんばかり。あわてて財政支出の拡大に景気浮揚の解決策を見いださず、長期的に何が良いのか、答えが出るまでじっくりと待った。それがどこからくるかと言えば、東西ドイツ統一の経験が大きかったと思う。旧東独で育った彼女にとって、ベルリンの壁の崩壊は、それほど衝撃的なものだった」

「一方、旧東独では『待つ』ことを学んだ。車1台買うにしても、何年も待たなければならない。海外旅行が許されるのも年金生活に入ってから。世界は自分の思い通りにはならない。環境に適応していかなければならない。米国のトランプ大統領と向き合う姿勢の中にも、そんな経験が生かされていると思う」

――メルケルはすっかり「世界のリーダー」となった感があります。そのことを印象づけたのは、金融危機とともにウクライナ問題での対応でした。

「メルケルは、1期目はさほど人気はなかった。東西ドイツの統一を成し遂げたコールのような壮大なビジョンやアイデアを持ち合わせてはいない。ビジョンを持っていない実務家という意味で、G7を提唱したシュミット首相と同列と言えるかもしれない。その意味で、世界的な危機が起きたのはメルケルにとって幸運だった。それを乗り越えることを示すことで、支持を高めていくことができたからだ。ウクライナ問題が起きたとき、米国のオバマ外交はレームダック状態にあり、『欧州の問題は欧州で解決してほしい』という対応だった。当時、フランスはオランド大統領。欧州の問題を解決できるのは、メルケルしかいなかった。ただ、歴史的な理由から大国として振る舞うことを嫌ったメルケルは、フラ

メルケルについて話すラルフ・ボルマン氏＝2017年8月、バイエルン州バンベルク

ンスを巻き込んだ交渉の枠組みを作った。事実、現在の軍事力だけをみればフランスのほうがドイツより強い」

――メルケルがよって立つ価値観とは何なのでしょうか。プラグマティックな対応なのでしょうか、それとも確たる政治信念があるのでしょうか。

「彼女は戦術的に動く。自らの考えに逆らい、同性婚を認める法案の提出に踏み切ったのは、CDU以外の主要政党がすべて、次の選挙で同性婚を認めることを連立の条件としていたからだ。選挙や政治的な枠組みを考えての戦略だった。ユーロ危機を救ったメルケルだが、2010年の時点ではギリシャの救済に反対していた。前年に最大州のノルトライン・ウェストファーレン州で州議会選挙があり、そこで自ら率いるCDUが敗北したことで、ギリシャ救済が不人気であることを知ったからだ。だが、ギリシャが経済再建に失敗しユーロから離脱すれば、加盟国が五月雨式に離脱し、崩壊の道を歩むリスクがあることを悟り、少しずつ国民を説得していった。原発をめぐる政策も政治的な理由から紆余曲折をたどった。SPDと緑の党が過去に決めた全廃の方針を見直し、運転の延長を決めたのは、連立を組むFDPに配慮してのことだった。しかし、フクシマが起き、世論が反原発に傾いたことで態度を変えた。そこに深い信念はない。野党党首時代にブッシュ(息子)大統領がイラク戦争に踏み切った際、彼女は賛成を表明した。本心では、ドイツ軍の海外派兵にもつながりかねない行為には反対なのだが、女性の覚悟として、国内にタフな顔を見せる必要があったと判断した」

「ただし、彼女には、決して譲ることができない一線がある。それは反ユダヤ主義への対抗、そして自由と民主主義という価値観だ。ローマ法王のベネディクト16世がホロコースト否定論者の司教の破門を取り消した際、法王をあからさまに批判した。15年の国民に向けた年頭挨拶で、人種差別的だとして、難民受け入れに批判的な反イスラム団体のペギーダにはついていかないように明言したときにも、驚いた。難民が押しかけたときに国境を閉鎖しなかったのも、自由と民主主義を重んじるがゆえだ。私は、彼女が牧師だった父親からキリスト教的な価値観を強く受け継いだとは思っていないが、旧東独時代に『自由にモノを言えない雰囲気』を経験し、自由の尊さを学んだことがその後に影響したとみている」

——戦術的に動くプラグマティストと、あるべき姿を追求する理想主義者。どちらが本当のメルケルに近いのでしょうか。

「彼女にとって二つの資質は矛盾するものではない。分かりにくいかもしれないが、答えは彼女が愛読する英国の哲学者カール・ポパーの考え方にある。自由と民主主義をとても大切に考えているが、その社会では、すべての価値観は相対化されうる、すべての理念は、トライ＆エラーのシステムによって検証され続けなければならないという考え方。脱原発や同性婚の合法化をめぐる態度の変化も、彼女なりの検証の結果なのだと思う」

第3章　ポストメルケルの時代

党首辞任を表明

２０１８年10月29日の午後１時過ぎ。ベルリンのＣＤＵ本部にある会見場に姿を現したメルケルの表情は、苦渋に満ちていた。

党首を辞任する――。この日の午前、会見に先立ちドイツの通信社や電子メディアは相次いで速報を流していた。

「２００５年に首相候補になると表明して以来、ドイツのために尽くしたいと考えてきた。こんなにも長く働かせてもらったことを感謝している」

絶え間なく鳴り続けるシャッター音。世界のメディアが注目する中、党首の辞任と、３年後の任期満了をもって首相をやめると告げた。「欧州の女王」としてユーロ危機を乗り越え、ウクライナ危機でプーチン大統領とわたりあったメルケルはこの日、噂されていたＥＵトップへの転出を含めて、首相辞任後には一切の政治活動をしないことを表明したのだった。

CDU党首として最後の演説を終え、会場に手をふるメルケル首相＝2018年12月、ハンブルク

辞意を固めた直接の理由は、前日にあった南西部ヘッセン州での州議会選挙の結果だった。CDUは4年前の前回選挙から11・3ポイントも得票率を減らした。かろうじて第1党を維持したものの、27・0％という水準は1966年以来の低さだった。大きく票を伸ばしたのは、AfDと緑の党だった。その2週間前、南部バイエルン州であった州議会選挙では、姉妹政党のCSUがやはり10ポイント以上票を減らして過半数割れし、歴史的な後退を余儀なくされた。バイエルン州ではCDUは議席を持たず、CSUが事実上、州支部的な存在となっている。ここでも台頭したのは、AfDと緑の党だった。「私たちがこれまで何をしてきたのかを検証するための転換点と受け止めたい」。用意してきた紙に時折目を落としながら、そう語った。

きょうだい喧嘩

なぜ州議会選挙で歴史的な連敗を喫したのか。

メルケルが会見で分析したところによれば、理由は二つある。一つは、この年の夏に繰り広げられたCDUとCSUの内紛だ。きっかけは、CSUのゼーホーファー党首が、難民に対して、AfDと見紛うほどの厳しい対策案を打ち出したことだった。

CSUが活動拠点とするバイエルン州はオーストリアとの国境にあり、バルカン半島を北上してくる難民たちが最初にドイツに足を踏み入れる地点でもある。連邦政府の内務相でもあるゼーホーファーは6月、ギリシャやイタリアなどですでに難民登録した人々については、ドイツへの入国を許可せず、力ずくではねつける計画をぶちあげた。

ダブリン規則と呼ばれるEUのきまりでは、難民申請を希望する人は最初に入国したEU内の国でまず登録し、数カ月から数年かけて現地で審査を受けることになっている。しかし、15年に中東やアフガニスタンなどからやってきた人々は、ギリシャやイタリアに上陸した後、当地での審査を待つことなく、欧州一の経済大国で難民保護が手厚いドイツを目指した。中には、指紋の提供など最初の登録さえせずにそのまますり抜け、ドイツに向けて北上する人々もいた。

メルケルがこうした「違反者」の受け入れを決めて以降、ダブリン規則は形骸化していた。ゼーホーファーの提案は、ある意味で、この規則の運用を元通りにしようとする試みだった。

ただ、このころには、1日あたりの入国者は5人ほどにまで減っていた。それでも厳格な運

ホルスト・ゼーホーファー氏＝2018年7月、ベルリン

用にこだわったのは、バイエルン州議会選挙を控えて、「ＡｆＤ対策」を講じる必要があったためだ。カトリックが多いバイエルンはもともと保守的な土地柄で、農村の文化が根強く残る。メルケルの難民受け入れに対する反発が強く、選挙では、苦戦が予想されていた。「ＣＳＵは難民に厳しい政党」というイメージを振りまく必要がある、とゼーホーファーは考えていた。

しかし、あくまで人権を重視するメルケルは、その主張を認めなかった。彼女は、このころには、ギリシャやイタリアなど一部のＥＵ構成国に受け入れ負担が集中せざるを得ないダブリン規則に疑問を感じていた。難民がドイツで最初の登録をしようと思えば、航空機でベルリンやミュンヘンに到着する以外になく、実際にはあまり起こらないからだ。「もしドイツが国境で難民を拒否したら、ＥＵ域内の国々で連鎖反応が起き、難民が行き場を失ってしまう」との思いもあった。

だが、あくまで原理原則の適用を求めるゼーホーファーは、ＣＳＵ党内の幹部会で、提案が受け入れられない場合、党首と内相を辞任すると表明してしまう。一方のメルケルも、首相の職権で内相を罷免する可能性に言及し、あわや連立政権の崩壊かという事態にまで発展する。両者の調整にあたったCDUのクランプカレンバウアー幹事長は後日、連立崩壊の可能性について「10段階で9・5くらいだった」と明かしている。

数日間にわたる交渉の末、両者は妥協点を見いだした。①最初に入国したギリシャやイタリアの政府の了解を前提に、これらの国への難民を送りかえす②ドイツ国内の国境付近に難民申請者を一時収容する施設を設け、彼らを外出させることなく管理する——ことで合意した。力ずくではねつけるのではなく、まずはドイツ国内の施設に受け入れたうえで滞在の可能性を模索し、「入国不可」となった場合は、ギリシャやイタリアなどの了解を待ってから、これらの国に送還する、というスキームだ。

しかし、一連の「きょうだい喧嘩」に、うんざりとした有権者は少なくなかった。AfDをコピーしたようなゼーホーファーの言いぶりは、逆にAfDの威信を高める結果に終わった。このころ、CSUの幹部の口からは、避難先を求めて欧州にやってくる人々を「まるで観光のようだ」と揶揄《やゆ》したり、「難民はすべての問題の生みの親だ」となじったりするなど品のない発言が相次いでいた。CDUやCSUの支持者で、心ある人は、発言に嫌気がさして緑の党に関心を向けた。州都ミュンヘンで取材に応じた有権者のひとりは「CSUはもはやキリスト教的な価値観を失ってしまった」とし、支持を緑の党に切り替えたことを明かした。

両党のつば競り合いは、その後も続く。8月下旬、ザクセン州第3の都市ケムニッツで、35歳のドイツ人男性が難民申請者と口論の末、ナイフで刺され、殺害される事件が起きる。直後、極右による大規模なデモが発生し、デモ隊の一部が通りで一般の外国人を追い立てる動画がネット上に出回った。メルケルが「法治国家ではあってはならないことだ」とデモ隊に対して断固たる態度を示したのに対し、調査にあたるはずの連邦憲法擁護庁のハンスゲオルク・マーセン長官は「フェイクニュースではないか」などと真面目に取り合わず、メルケルはマーセンの解任に動いた。マーセンは以前から、メルケルの難民政策には批判的で右翼組織との近さが指摘されていた。この更迭案に対し、憲法擁護庁を管轄する内相のゼーホーファーが反発。「全幅の信頼を置いている」と擁護し、逆に同省の政務次官に「昇格」させたのだった。「こうした政権の姿は（有権者には）受け入れがたかった」。辞意表明の会見でメルケルは心中を吐露した。

6カ月の政治空白

地方選連敗の理由として挙げたもうひとつの要素は、総選挙後に続いた6カ月間に及ぶ政治空白だった。これも、もとはといえば、難民の受け入れに端を発していた。

ＡｆＤが第３党に浮上した結果、メルケルを核とする連立政権交渉は難航を極めた。メルケル政権下で２度の連立政権を経験した中道左派のＳＰＤは、戦後最低の得票率に沈み、開票結果が判明するやいなや、シュルツ党首が連立の継続はしないと表明した。メルケルのリベラル色のおかげでＳＰＤの存在感が薄れてしまった、との判断からだ。もう一度、野党に下ってＣＤＵとの対立軸を作りなおす作戦だった。一方、メルケルにとって、ＡｆＤや、旧東独の独裁政党の流れをくむ左派党との連立はありえない選択だった。議会で過半数を握るために残る選択肢は、市場経済の重視を党是《とうぜ》とするＦＤＰ、環境政党の緑の党との連立だった。

各党のシンボルカラー（ＣＤＵは黒、ＦＤＰは黄色、緑の党は緑）を合わせるとジャマイカの国旗色となることから、「ジャマイカ連立」とも呼ばれた交渉は、しかし、11月に入って頓挫してしまう。難民の受け入れに積極的で、シリアなどに残る家族の受け入れも広く認めるべきだとする緑の党は、保守的なＣＳＵと意見が合わない。石炭火力からの早期脱却を求める緑の党の主張に対しては、ＦＤＰが反対する。連日連夜に及ぶ交渉の結果、最後はＦＤＰのクリスティアン・リントナー党首が「間違ったやり方で政権に参加するくらいなら、参加しないほうがいい」とテレビカメラの前で表明し、２カ月におよぶ交渉は振り出しに戻った。

そこで、お鉢が回ってきたのが、いったんは下野を表明したＳＰＤだった。応じれば、さらなる支持率の低下は避けて通れない。しかし、拒否すれば、ドイツの政局は一気に流動化する。

再選挙になる可能性もあるが、実施したところで状況が変わる保証はない。臨時の党大会を開き、さらに全党員による投票を経て出した結論は、連立の継続だった。「ポピュリズムの台頭で欧州が不安定になる中、ドイツの政治まで不安定化させてはならない」。最後はそんな意見がかろうじて半数を上回ったのだった。

こうした経過を経て、第4次メルケル政権が発足したのは18年3月。政治空白は実に6カ月も続いた。この間、官僚は身動きがとれず、予算の執行も継続案件以外は凍結された。ジャマイカ連立の交渉中にボンで開かれたCOP23（国連気候変動枠組み条約締結国会議）では、脱石炭に向けた国際的な取り組みに参加できずに終わるという失態を演じた。「予算が使えないので、全く仕事にならない」。ふだん私と親しくしていたドイツ政府の幹部が、こうぼやいていたのを思い出す。

会見でメルケルは「（有権者には）政府がしっかりとした仕事をしているとは受け止められなかった」と嘆いてみせた。

メルケルおろしの影

辞意表明は、あまりにも突然に見えた。

ヘッセン州の州議会選挙の結果が出た夜、記者会見したクランプカレンバウアー幹事長は、メルケルの今後の身の振り方を聞かれ、こう答えている。

「彼女は次の党大会で党首継続を表明する。さきほど私に明確にそう語った」。辞任表明のわずか半日前のことだ。

シュピーゲル誌（２０１８年11月３日付）によると、会見の直前、２人は次のような会話を交わしている。

クランプカレンバウアー：ジャーナリストには私からどう説明しましょうか？（党首を続投するという）気持ちは変わっていないですよね。

メルケル：アウグスブルガー・アルゲマイネ紙に語った通りよ。

メルケルは１カ月前、地元紙が主催したイベントで「首相と党首は兼務しなければならない」との考えを強調していた。首相を続ける限り、党首も務める。議会でリーダーシップを発揮し、自らが支持する法案を通すためにも、与党内の掌握は欠かせないとの考えからだ。両職を少なくとも21年までは務める、との決意だった。

それでは、メルケルはいつごろ、どのように党首の辞任に傾いていったのか。

首相４選を目指す意向を表明したのは16年11月20日。すでに英国はＥＵからの離脱方針を国民投票で決め、欧州各地ではポピュリスト政党が台頭していた。米国では次期大統領にトランプの就任が決まり、世界は激しく動揺していた。「ドイツの国益は、世界に開かれた社会と不可分だ。問題から逃げ、欧州が崩壊していくのを座視《ざし》するわけにはいかない」。こう語ったメルケルの表情は、リベラリズムの担い手としての使命感に満ちていた。

それから2年。姉妹政党の反乱にも直面して、徐々に追い詰められていった。会見で明らかにしたところによると、辞任の検討をはじめたのは、この年の夏休み。ゼーホーファーとの一件があった直後のことだ。例年なら、夫のヨハヒム・ザウアーとともに山歩きなどで過ごす場面が報道されるが、この年はメディアの前から姿を消し、行方をくらましていた。シュピーゲル誌（前掲）によると、このとき、メルケルは盟友のアネッテ・シャバーンと会い、身の振り方を相談していた。シャバーンはメルケル内閣で教育相を務めた人物だ。

一方で、党内ではショイブレ連邦議会議長を中心とした「メルケルおろし」の動きが始まっていた。かつて党首も務めたショイブレはCDUの重鎮で、ギリシャ危機の際には財務相としてメルケルを支えた人物。ただ、難民の受け入れをはじめとするリベラル路線を長年苦々しく感じていて、メルケルが辞任を表明する少なくとも数週間前には、後任候補としてフリードリヒ・メルツ元議員団長の擁立に動いていた。姉妹政党のみならず、身内のCDUからも辞任の圧力があることを知ったメルケルにとって、地方選の結果はとどめの一刺しとなった。

このとき、メルケルは首相職についても党首の辞任と同時、あるいはそう間を置くことなく、やめるべきだと考えていた可能性がある。政権の安定運営のためには「首相と与党の党首は同一人物でなければならない」というのは彼女の確信であり、辞任の記者会見でも分離することは「危険な賭けだ」と漏らしていた。

ただ、問題は、メルケル自身が理想とする後任を育ててこなかったことだった。この年の2月に地方の州首相だった女性のクランプカレンバウアーを党幹事長に抜擢したが、中央政界での経験は少なく、知名度も高くない。一方、ショイブレが白羽の矢を立てたメルツは、メルケルと同世代のベテランで、水と油の関係にある。自分が首相を続けている間にクランプカレンバウアーに党首としての経験を積ませ、折りをみてバトンタッチする。そんな青写真を描いたようだ。

だが、その構想は、1年あまりで、もろくも崩れ去ることになる。

最初の党首選

辞任表明から5週間後の12月7日、西部ハンブルクのメッセ会場は、1千人を超えるＣＤＵ党員であふれかえった。行われたのは、メルケルの後任を選ぶ党員選挙。有権者は、全国の党支部から選ばれてきた１００１人の代議員だ。地方議会の議員や、連邦議会の議員たちが多くを占める。

立候補したのは、幹事長のアンネグレート・クランプカレンバウアー（56）、連邦議会の元党議員団長フリードリヒ・メルツ（62）、そして現職の保健相イェンス・シュパーン（38）の3人。

党首選が行われるのは、実に1971年以来だった。当時は戦後初めて野党に転落していた時期で、後に首相となるコールが党の変革を求める若手として、主流派の候補に挑んだ。コールは敗れるが、73年には党首となり、82年から16年間にわたって首相を務めることになる。候補者は通常、事前の根回しで一本化され、選挙は事実上の「信任投票」となるケースがほとんどだ。47年ぶりの選挙戦となったことは、党内の溝の深さを物語るものでもあった。

会場には、世界各地からメディアや政府関係者が詰めかけた。党首となれば、近い将来、ドイツの首相となる可能性が高い。リベラル世界のリーダーとなったメルケルの後を継ぐのはだれなのか。世界は固唾《かたず》をのんで、見守った。

クランプカレンバウアーは、メルケルの信任が厚く、独メディアは「ミニメルケル」の名で呼んでいた。女性であることに加え、メルケル自身が実質的な後継として白羽の矢を立てた経緯があるからだ。彼女が勝てば、リベラル路線が、ある程度継承されると期待されていた。一方、メルツとシュパーンは党内右派に属し、選挙戦では、ＡｆＤの台頭を招いたメルケルの難民政策を鋭く批判していた。詳しくは後述するが、メルツは２０００年代前半、党内のポストをめぐって、メルケルと激しく競い合った過去があり、犬猿の仲はいまだに続いている。メルツが勝てば、メルケルは21年の任期満了を待つことなく、早晩、首相辞任に追い込まれるのは必至とみられていた。

事前の世論調査では、クランプカレンバウアーがメルツを頭一つリードしていた。しかし、最初の投票で過半数をとることができなければ、上位2者による決選投票となる。シュパーンの支持票がメルツに向かえば、逆転もある。そんな状況で本番の日を迎えた。

当日は予想通りの展開となった。

1回目の投票では、クランプカレンバウアーが４５０票、メルツが３９２票、シュパーンが１５７票。次の投票でシュパーン票がメルツに流れれば、メルツの勝利となる。

そして行われた決選投票。結果は、クランプカレンバウアーが５１７票で、メルツの４８２票をわずかに上回った。代議員のひとりは私に「メルツが党首になれば、メルケル首相や連立相手のＳＰＤとの軋轢《あつれき》が生まれ、政治の不安定化は必至。欧州全体が混乱する中、中核のドイツまでが不安定化するわけにはいかない」と語り、政治の安定を優先させたことを明らかにした。

クランプカレンバウアーは後任の党幹事長に、党内右派で政敵とみられていた若手のパウル・ツィーミヤク（33）を選んだ。ツィーミヤクは、メルケル路線に批判的なCDU青年部の代表で党内右派の有力人物。このため、決選投票を前に、クランプカレンバウアーが当選した暁の人事を見返りに、ライバル票の切り崩しを計ったのではないか、との臆測が流れた。

「フェアな競争だった。これからは党内各派が一致団結して責任を果たし、中道の国民政党を守っていく」。勝利が決まると、感極まって涙を浮かべ、そう演説した。一方、メルツは結果が発表されるやいなや、即座に政界から離れ、党の役職にも就く気がないことを表明した。

ミニメルケルの挫折

アンネグレート・クランプカレンバウアーは、名前が長いことから、ドイツメディアではAKKと略されて表記されることが多い。ファミリーネームは、彼女の旧姓クランプと夫の姓カレンバウアーを合わせたもので、ドイツでは併記することが珍しくない。本書でも以下、AKKと表記することにする。

ドイツ南西部の小さな州、ザールラントの首相に過ぎなかったAKKが、ポストメルケルとして一躍全国の注目を集めたのは、18年2月19日のことだった。

この日、メルケルは初めてAKKを引き連れてカメラの前に現れた。かねてから病気がちだった前任に代わり、新幹事長に就くことになったとの発表だった。「私たちは長年の知り合いであり、互いにとても信頼し合っている」。メルケルはこう語り、親密ぶりをアピールした。メルケルにとって、ＡＫＫは頼りになる存在だった。

ちょうど1年前、国政の世論調査でＳＰＤの支持率が急上昇し、ＣＤＵとの逆転を許していた。低迷するＳＰＤは新党首に欧州議会議長だったマルティン・シュルツを迎え、総選挙に向けて、刷新をはかろうとしていた。働き手に厳しい労働法制を見直し、もう一度、左派色を強め、党のアイデンティティーを明確にしようとの考えだった。

ＣＤＵにとって嫌なムードが流れていたとき、それを一掃するような結果を残したのがザールラント州の議会選挙だった。ＡＫＫが率いたＣＤＵの得票率は40％を超え、圧勝した。これを機に世論の風向きが変わり、ＳＰＤはその後、各州の議会選挙で敗北を重ねていくことになる。

ＡＫＫの半生を描いた『Ich kann, ich will und ich werde』（未邦訳、Kristina Dunz / Eva Quadbeck 著）によると、メルケルが最初にＡＫＫに声をかけたのは、18年のはじめだった。ベルリンのレストランにＡＫＫを呼んだ。このとき、ワインを片手にメルケルが打診したのは、幹事長ではなく、次期政権での閣僚ポストだった。

この時期にはちょうど、ＳＰＤとの連立交渉がまとまり、政権発足にめどが立とうとしていた。州首相からベルリンの中央政界に「異動」する場合、それまでの例では閣僚入りするのが当然視されていた。だが、ＡＫＫはここで異例の逆提案をする。外見上は「格下げ」となる党幹事長のポストを要求したのだった。メルケルは提案を聞いて唖然《あぜん》とし、その場では承諾せず、数日後にようやく同意したという。

幹事長職を要望したことについて、ＡＫＫは、前掲書の中のインタビューで「ＣＤＵは再び自らのアイデンティティーについて真剣に検討しなければならないと考えた」と答えたうえで、こう続けている。「この数年、政府はユーロや金融危機など国際的な問題に追われ、政党としての仕事がおろそかになった。２０２１の総選挙で勝つためには、党を再建しなければならない」「幹事長になることで、党の仕事に１００％集中することができる。閣僚として議会に配慮する必要もない。選挙に向けて党の基本綱領を仕上げていく」

一閣僚として限定した仕事を受け持つのではなく、党の将来を見据えて公約全体の作成にかかわり、いずれは首相としてドイツを牽引していく。メルケルに打診を受けた時点で、腹は固まっていた。幹事長ポストは、かつてメルケルも経験し（１９９８～00年）、その後、党首、首相への道を歩んでいった。ＡＫＫの異例の願い出をメルケルが承諾したのは、彼女に同じ道を歩むことを期待してのことだった。

しかし、ＡＫＫは、メルケルよりもはるかに保守的で、かつ、メルケルのように時宜を得た発言をする能力に欠けていることが、すぐに明らかになる。

最初に疑問符がついたのが、党首について間もない2019年春。イースター前に各地で開かれるカーニバルでの発言だった。恒例の行事として、仮装した政治家らが皮肉交じりの無礼講トークを披露するのだが、ここでAKKが口にしたのは、何とも品性に欠けるものだった。

話題に取り上げたのは、ベルリンなどで建設が進むトランスジェンダー用のトイレ。「用を足すときに、座ってするか、立ってするのか、決断のつかない男性が使うもの」とからかい半分に語ったのだ。満席の会場からは笑いも漏れたが、テレビ中継やニュースをみた国民からはすぐに批判の声が巻き起こり、国会議員らも「少数者を傷つけない程度の冗談は、言えないものか」と反発した。

CDUの党首選挙で演説するアンネグレート・クランプカレンバウアー氏＝2018年11月、シュレスウィヒ・ホルシュタイン州リューベック

社会がこれを単なる「お笑い」と受け止めなかったのは、内容が性的少数者を傷つけるものであったことに加え、これが彼女の宗教的な心情とむすびつけて受け止められたからだ。

彼女がメルケルに比べて、敬虔《けいけん》過ぎるほどの宗教心の持ち主であることは、よく知られている。両親ともにカトリック信者で、子どものころから日曜日にはそろって教会に行き、食事の前にはお祈りを欠かさない家庭で育ったというAKKは、聖職者になるのが夢だったといい、政治家になってからも、教会が社会でより重要な役割を果たすべきだとの発言を繰り返している。トランスジェンダーや同性婚には理解がなく、州首相時代には「同性婚を認めれば、複数婚や近親相姦も認めざるをえなくなる」などと時代錯誤の発言をして、LGBTの団体から「ミス・ホモホビア（同性愛嫌い）」とのレッテルを貼られている。トイレのジョークで問われたのは、多様な価値観を認めようとしない、政治家としての資質だった。メルケルも同性婚には反対しているが、それを下品な冗談で揶揄するようなことは決してしない。

さらに、「自由」に対する軽率な発言も、わざわいとなった。

19年5月にあった欧州議会選挙の1週間前、著名なユーチューバーが、気候変動への対策が遅れているなどとして、連立政権を組むCDUとSPDを批判する動画をネット上に投稿した。若いユーチューバーは動画で「いまのままの道を歩み続けると、われわれの将来が破壊されてしまう。どこの政党に投票するべきか、という答えはわからない。でも、CDUとSPDには投票しないでほしい。AfDはもっとだめだ」と訴えた。再生回数は1千万回を超え、ほかのユーチューバーも続いた。

選挙の結果は、CDUもSPDも大きく得票率を減らし、緑の党などが大きく伸びた。直後の記者会見でＡＫＫは、ユーチューバーの投稿に敗因の一つがあるとして、次のように語った。「仮に新聞社が、投票の２日前にＣＤＵやＳＰＤに投票しないように呼びかけたら、世論操作になり、大きな議論を引き起こすだろう。デジタル分野では、どのような規制が有効なのだろうか。（中略）ＣＤＵはこの議論に攻撃的にかかわっていく」

この発言には、野党からだけではなく、与党からも「ユーチューバーだろうが、社説だろうが、こうした批判はだれにでも許されるものだ」（ＳＰＤ幹部）、「表現の自由はドイツ基本法でも保障されている」（ＣＤＵ幹部）などと反発する声が上がった。

若者による政府批判は、このユーチューバーを機に始まったことではない。政府の気候変動対策についてはしばらく前から多くの若者たちが毎週のように街頭に繰り出し、抗議の声を上げていた。動画は彼らの言い分を代弁したに過ぎない。自らの無策をユーチューバーの責任にすり替えようとしたことで、またしてもリーダーとしての資質が問われることとなった。

繰り返すようだが、もともと、ＡＫＫは、メルケルほどリベラルな人物ではない。後任候補を見定めるにあたり、メルケルはそこを見誤った感がある。州首相時代は、働く女性のための政策に力を入れたり、幼稚園で独仏のバイリンガル教育を推進したりと、数々の進歩的な政策を打っていた。しかし、その一方で、イスラム教徒には不寛容で、難民危機の際には「女性の手から食事を受け取れないイスラムの若者がいたら、食事をあたえなければいい」などと発言し、波紋を広げた。また、難民が年齢を詐称しないように、入国にあたって歯科検診を導入するなど、厳しい対応をとった。未成年と申告すれば、難民として滞在が認められる可能性が高くなるためだ。

失言が相次ぐ中、AKKは公共放送のインタビューで「将来再び多くの難民が押し寄せたら国境を閉鎖することもありうるのか」と問われたのに対し、「最終手段として、十分に考えられる」と答えたことが、メルケルの逆鱗《げきりん》に触れた。「メルケルはもはやAKKを後継首相とは考えていない」。5月下旬、米ブルームバーグニュースは、側近の話としてそんな話を伝えた。

世論調査での支持率はみるみるうちに下がっていく。AKK党首のもと、CDUは、秋に行われた旧東独の3州（ブランデンブルク、ザクセン、チューリンゲン）の議会選挙で大きく議席数を減らし、AfDの伸長を許してしまう。この年の1月に46％だった彼女の仕事への有権者の満足度は、11月には18％にまで低下していた。

致命傷となったのは、チューリンゲン州の選挙後、地元のCDU議員らがとった行動をAKKが止められなかったことだ。

10月27日にあった同州の議会選挙では、AfDが第2党に躍進した結果、それまで連立を組んでいた左派党、SPD、緑の党の組み合わせでは、過半数を得ることができなくなった。連立交渉が長引いた末の20年2月5日の議会で、第5党のFDPの議員が、AfD、CDUの支持を受けて州首相に選ばれてしまう。

ドイツ社会で「ナチスの再来」とレッテルを貼られることの多いＡｆＤと共闘したことに対し、ベルリンのＣＤＵ本部で大きな批判が巻き起こる。戦後のドイツで、州政府とはいえ「極右」政党が関与した政権の樹立は例がなかった。かつて姉妹政党ＣＳＵの党首だった大物政治家フランツ・ヨゼフ・シュトラウスは「自党より右に合法的な民主主義政党はありえない」と有名な言葉を残している。ＣＤＵが「極右」政党と協力することは、あってはならない選択だった。ＣＤＵ本部の関係者のみならず、多くの国民の脳裏によぎったのは、戦前、既成政党の党利党略の間隙を縫って台頭したナチスの姿だった。

ＡＫＫはあわてて、チューリンゲン入りし、地元ＣＤＵの議員らに再選挙に向けた働きかけを促す。しかし、地元の議員団は「結果は同じことだ」として受け入れなかった。議員団長のマイク・モーリングが後日、シュピーゲル誌に語ったところによると、10月の選挙以降、党本部に対して、左派党との連携を打診したものの、断られ続けたのだという。結果的にＡｆＤと共闘する形になったのは、党本部の無策の表れでもあった。

州の首相指名選挙から5日後、ＡＫＫは、混乱の責任をとって党首辞任の意向を表明し、将来の首相候補にもならないことを明らかにした。会見では、指導力の不足を認めるとともに、「首相と党首が分かれていたうえ、次期首相の候補を定めなかったことが求心力を弱めた」と語り、悔しさをにじませた。1年前に党首に選ばれたものの、この段階では、21年の総選挙で首相候補になることが確約されたわけではなかった。ドイツの選挙では各政党がそれぞれ、議席の多数を握った暁に首相となる「筆頭候補」を立ててたたかう。CDUは総選挙の1年前、すなわち20年11〜12月ごろの党大会で党首と首相候補を改めて決める予定になっていた。それまでは、AKKは党首でありながら、正式な首相候補者ではなく、一方でメルケルが首相として采配を振るう状況が続いていた。「こうした状況で、どうして指導力が発揮できるというのか」。そう言わんばかりだった。

チューリンゲン州の新首相は結局、世論の批判に抗しきれずにすぐに辞任を表明した。この原稿を書いている20年7月現在、選挙前と同じ連立ながら少数与党となった左派党、SPD、緑の党が政権運営を担っている。

宿敵、再び

AKKの辞任表明を受けて、3人の男たちが後任に名乗りをあげた。最初の党首選で敗れたメルツ、国内最大の人口があるノルトライン・ヴェストファーレン州の州首相アルミン・ラシェット、そして、連邦議会の外交委員長を務めるノルベルト・レットゲンだ。選挙戦は当初、4月下旬に予定されていたが、新型コロナウイルスの影響で12月以降に延期された。

3人のうち、世論調査で最も支持率が高いのがメルツだ。公共放送ARDが3月5日に発表した調査結果によると、「だれがCDUの党首になるべきか」という質問で、35％がメルツと答えたのに対し、ラシェット24％、レットゲン12％。同党の支持層に限ってみても、メルツ40％、ラシェット32％、レットゲン13％の順番でメルツ優位は変わらない。

CDUの党首選に立候補を表明するフリードリヒ・メルツ氏＝2018年10月、ベルリン

メルツは党内保守派で、メルケルの難民政策を厳しく批判し、脱原発にも「早急すぎる」と批判の目を向ける。党首になれば、メルケルのリベラル路線から、大きく軌道修正されるのは必至だ。

私が初めてメルツの姿を目にしたのは、メルケルが党首辞任を表明した直後の18年10月31日の記者会見だった。ぎらついた目と、うつむき加減に下から見上げるように話す語り口。経済界で活躍するやり手の弁護士らしく、よどみなく明確に話すのが印象的だった。この会見で、メルケルとの確執に触れ、「メルケルは、首相と党首は1人の人間が兼務しなければならないと言ってきた。会見で彼女は、これを分離するのは『賭けだ』と言ったが、その賭けにのろうじゃないか」と挑発的に語り、会場がどよめいたのを覚えている。

メルケルとの確執は、メルツが連邦議会でCDUとCSUの議員をとりまとめる議員団長を務めていた02年に表面化した。当時、メルケルは野党だったCDUの党首。年齢がほぼ同じ、40代の中堅議員だった2人は、この年に予定されていた総選挙に首相候補として立つ野心を持っていたが、メルツは党内融和を優先して先に見送りを決断する。一方のメルケルはいったん立候補を表明するものの、最終的には、姉妹政党CSUのベテラン党首エトムント・シュトイバーの顔を立てて、断念する。このとき、彼女はシュトイバーに対し、見返りとして、選挙後には自分がCDUの党首と議員団長を兼務することを約束させた。党首が議員団長を兼務しなければ、議会で強いリーダーシップを発揮できない、との思いからだった。選挙後、メルケルは約束通りに兼務の座を手に入れるが、裏をかかれた形のメルツは、議員団長から副議員団長に「降格」することになる。その後、05年の選挙で勝利し、首相となったメルケルに対し、メルツは日の目を見ることのないまま、09年に政界を離れたのだった。ただ、その後も、周辺にはことあるごとにメルケルの批判を繰り広げ、怨念を晴らす機会をうかがっていた。

AKKが党首辞任を表明した後の2回目の出馬会見でも、攻撃的な話しぶりは相変わらずだった。ＡＫＫに僅差で破れた1年前の党首選を振り返って、「あの日の演説の調子がもっとよければ、もっと票がとれたのは確実だった」と悔し紛れに語った。党内の分裂を懸念するラシェット側から、候補者一本化の提案があったが、メルツはそれを断った。「私は党の革新のために立つ。私たち2人はそれぞれ異なった方向性を体現している」とし、ラシェットを「メルケル路線の踏襲」と位置づけて、違いを鮮明にしてみせた。

メルツは１９５５年、ノルトライン・ウェストファーレン州のブリロンで生まれた。母方の祖父は１９１７年から20年間にわたってブリロンの市長を務めた。リベラル系の新聞ターゲス・ツァイトゥング（04年1月19日付）によると、祖父はナチの崇拝者で、自らの権限で市内の道路の名前を「アドルフ・ヒトラー通り」や「ヘルマン・ゲーリング通り」に変えている。同紙は、この祖父について誇らしげに語るメルツを批判している。

父親は、地元裁判所の判事で、長年、ＣＤＵの党員だったが、メルケルのリベラル路線を批判し、２００７年に党を去っている。

子ども時代のメルツはやんちゃで、授業中に教師に背を向けて、トランプ遊びに興じるような生徒だった。校則に耐えられず、一度、ギムナジウムの転校を余儀なくされている。大学を卒業後に弁護士資格を取得し、産業界の法律顧問となった。89年に欧州議会議員に選ばれたのを機に政界入りし、94年に連邦議会議員に転じた。持って生まれた頭の回転の速さと、巧みな弁舌で頭角を現し、00年に議員団長に就いた。

メルツを一躍有名にしたのは、移民の流入を背景に2000年代に展開した「主導文化」論だ。「主導文化」は、移民の統合にあたって尊重されるべきドイツ社会共通の文化的なアイデンティティーを意味するもので、具体的には「キリスト教的なもの」を強くにじませる価値観を指す。1980年代以降、緑の党などリベラル派が掲げてきた「多文化社会」論に対抗するものとして、保守派側から掲げられた新たな移民政策の理念だった。AfDもいま、「主導文化」の復権を訴えていることは前述した通りだ。

メルツは当時、独紙ビルトのインタビューで「移民がドイツ語を学び、われわれの習慣を受け入れることは、避けられないことだ」と語っている。ドイツ国内でイスラム教の女性教師が頭にスカーフを身につけて授業をすることは許されないとし、イスラム教そのものを教える授業は、宗派の閉ざされた学校ではなく、ドイツの教育管理のもとで、公教育としてなされるべきだと主張した。懸念していたのは、イスラム文化とキリスト教文化が、お互いを理解しないまま、ドイツ社会に平行して存在することであり、ひいてはそれが社会の分裂を招くというシナリオだった。リベラル派は、こうした考えを古きナショナリズムの表れとして厳しく批判したが、メルツの主張は、その後、ドイツの統合政策の理念として生かされていく。具体的には、05年から施行された移民法で、移民に対して、ドイツの歴史や文化、法秩序についてのコース受講を義務づけし、ドイツ語の学習も求めるようになった。いまでは、緑の党も含めて、こうした統合政策を批判する声はほとんど聞かれなくなった。

18年末に行われた最初の党首選で、メルケルのもとで多くの難民を受け入れたことについて、「政府がコントロールを失った」として厳しく批判した。とりわけその主張が際立っていたのは、ドイツ基本法（憲法）の理念にまでさかのぼって、難民受け入れの見直しに言及したことだった。

11月21日にあった演説会で「ドイツは、難民の個別の権利を憲法に定める唯一の国だ。このままの形で法を存続させてよいのかどうか、公に議論しなければならない」と述べたのだった。基本法は、ナチス時代にドイツから多くの人々が海外に逃れ、受け入れてもらったとの反省に立ち、第16条で「政治的に迫害されたものは、庇護権を有する」と定めている。国連の難民条約を批准する国は多いが、憲法で難民の受け入れを定めている国はまれだ。ドイツでは日本の「憲法９条」のような重みを持つ。

メディアの集中攻撃を受け、後日、「難民、移民の問題は欧州の文脈でのみ解決できると言いたかった。難民の権利に疑問を投げかけるものではない」と弁解したが、保守的なメルツの「地金《じがね》」が露呈《ろてい》したと受け止められた。

メルツの保守性を象徴するもうひとつのエピソードとして、夫婦間の性暴力をめぐる見解がしばしば取り上げられる。1997年に強姦罪《ごうかん》の対象にするとの法案が議論された際、他の137人の保守系議員とともに反対に回っている。今日《こんにち》、当時の行動について「夫の偽証がかえって被害者の女性を傷つける可能性があると考えた」と弁明するが、かつて党大会でこう発言したこともある。「私は同じ女性と20年来結婚しているし、次の20年もそのつもりである。そのことについて、だれにも文句を言わせない」

メルツの支持者には、女性が極端に少ない。過去のこととはいえ、こうした発言がいまだに尾を引いているようだ。

経済政策では、新自由主義の立場に立つ。「小さな政府」をよしとし、規制緩和と競争を重視する立場だ。雇用を流動化し、企業が従業員を解雇しやすくするよう主張する一方、失業者に給付する生活保障額の引き下げを求めたことなどで知られる。野党時代には、年金支給年齢を70歳まで引き上げたり、年金への課税を強化したりすることを訴え、与党だったSPDの議員から「社会政策上の殺人鬼」との非難を浴びたこともある。税制について「ビールのコースター上で計算できるくらい」に簡素化すべきだと主張したことは、規制緩和論者の象徴的なエピソードとして現在も語り継がれている。一方、自身は米投資会社ブラックロックの独法人で監査役会会長を務めるなど金融業界で名をはせた。プライベートジェットを2機も所有する資産家だが、ビルトのインタビューで「私は中流階級の上のほうで、上流階級には属していない」（2018年11月14日付電子版）などと語って、失笑を買ったことがある。

社会政策、経済政策ともにCDU保守派の考え方を反映しているが、EUに対する傾倒の度合いはむしろ左派に近いようにもみえる。18年10月、哲学者のユルゲン・ハーバーマスらとともに、新聞紙上で「連帯する欧州のために」と題する論考を発表した。ナショナリズムの台頭が、戦後の平和プロジェクトとしてのEUを危うくしているとし、ユーロ通貨の安定のためには、ドイツは財政協力も検討するべきだと訴えている。「欧州各国への協力は厭わないが、カネは出さない」というのが多くの保守派の考えだが、メルツはユーロ圏の共通予算の創設を訴えるマクロン仏大統領への全面的な協力を約束するなど、メルケル以上にリベラルな姿勢をみせている。こうした思考性は、彼の政治的なキャリアが欧州議員からスタートしていることと無縁ではないのかもしれない。

さきほど、メルツの支持者に女性が少ない、と書いたが、党内で後ろ盾になっているのは「アンデス協定」と呼ばれるグループだ。メンバーに共通するのは、旧西独出身でカトリック、そして男。現在も隠然《いんぜん》たる力を持つとされる。

１９７９年、党青年部のエリートだった12人の若者が南米を一緒に視察旅行し、その際、飛行機の中で「協定」をむすんだ。将来、しかるべきポストについてもメンバーの辞任を求めるなど足の引っ張り合いはしないこと。のちに大統領となるクリスチャン・ウルフ、ヘッセン州の州首相となるローラント・コッホらだ。そこに後年、メルツも加わった。今日でも定期的に外国旅行をする仲だという。

シュピーゲル誌（2018年11月3日付）によると、18年3月、アンデス協定の面々は偶然出くわした葬儀の場で、メルケルに代えて党首にメルツを担ぎ出すことを決める。総選挙の結果とその後の混乱の責任をとらせる腹だった。党首辞任を表明する7カ月も前のことだ。彼らはみなメルケルに苦い思いを持っていた。かつて、コール首相の後継を夢見ていたものの、彗星のごとく登場した旧東独育ちの女性メルケルにより、その夢を打ち砕かれていた。

音頭をとったのは、連邦議会議長のショイブレだった。メルツの相談相手になるだけではなく、立候補に向けた地固めのために重要人物を紹介して回ったという。

ショイブレは、98年の総選挙でCDUが野党に転落した後、コールの後を継いで党首になった。しかし、まもなく武器商人からの不正献金疑惑が発覚し、名誉党首に就いていたコールとほぼ同じ時期に、ポストから退くことを余儀なくされた。このとき、党の刷新を掲げてのし上がったのがメルケルだった。

党首になったメルケルは、メルツを議員団長の座から追い落とし、首相への道を駆け上がっていく。一方のショイブレは04年の大統領選を目指した時期もあったが、メルケルは次の政権運営をにらんで同じ野党の立場にあったＦＤＰとの合意を優先し、別の候補者を推す。シュピーゲル誌は、打倒メルケルの背景に、ショイブレの復讐心があったとしている。この時点で、すでに75歳を過ぎていたショイブレには、自ら党首選に立候補する意思はなく、復讐劇の主役を62歳のメルツに託したのだった。

今後のメルツの動向を占ううえで無視できないのは、17年に発足した価値同盟（Werteunion）という党内の保守的なネットワークだ。若手を中心とした数千人の集まりで、重視するのは「キリスト教的で、愛国主義的な価値」だという。難民の流入がドイツの社会保障制度に与える影響を懸念し、難民が多く押し寄せた場合は、ドイツの国境を厳しく管理することを求めている。思想的にＡｆＤに近く、チューリンゲン州で同党とＣＤＵ地元支部が結果的に協力する形で州首相を誕生させた際にも、この同盟の幹部らは理解を示した。地球温暖化問題では、二酸化炭素の排出量との関係に疑いの目を向ける一方、11年に全廃を決めた原発の運転延長も求めている。党幹部は価値同盟を公認の組織として認めていないが、メルツはその主張に理解を示している。

メルツは、ＡｆＤを「極右」として批判するが、目指すのは、ＡｆＤに流れていった票を取り戻すことであり、そのための党の保守回帰だ。２度目の党首選の出馬会見では、「まだ多くの違法な入国者がいる。必要であれば、ドイツは自らの国境を守らなければならない。ドイツの『領土的な統一』は守られなければならない」と強調してみせた。一方、エネルギー政策については、地球温暖化の問題を認めつつ、「風力と太陽光発電だけでは、これからの電気需要をまかなえない」「経済と環境の両立を考えなければならない」とし、石炭火力発電の停止と原発の廃止を優先させる緑の党を牽制した。

人気のないリベラル候補

一方、ライバル候補のラシェットは「メルケルに忠実な政治家」とみられている。党首選の出馬会見で語った内容も、彼女の考え方をほぼ踏襲したものだった。難民の受け入れについては「犯罪を行った者はすぐに送還する」としたものの、すでに仕事を持ち、ドイツ社会に統合された外国人には、可能な限り滞在に道を開くべきだとの考えを示した。国内の治安を重視するものの、ドイツは世界に開かれたリベラルな国でなくてはならず、エネルギー政策に関しては、脱石炭火力と脱原発を双方実現しながら、産業国家としてのドイツを目指すとした。

ドイツの世界での役割について聞かれると、「世界で指導力を発揮すべきだ、という問いは抽象的すぎる」と、はぐらかしたような言いぶりをしてみせた。同じような問いに「グロテスクだ」と答えたメルケルを彷彿とさせるものだった。一方のメルツは会見で「指導力を発揮するべきだ」と明言している。

党に対するラシェットの最大の功績は、17年の州議会選挙でＳＰＤに勝利し、与党の座を勝ち取ったことだ。ルール工業地帯などを抱えるノルトライン・ヴェストファーレン州は、歴史的にみると、労働者を支持基盤とするＳＰＤが強く、同党の牙城とも言える地域だ。インフラ整備の遅れや労働規制の緩和といった敵失にも助けられて、ＣＤＵは勝利を手にし、ラシェットは人口で国内最大州の州首相の座についた。

ラシェットは１９６１年に同州アーヘンの中流家庭に生まれた。父親は鉱山の技師から小学校の校長に転じた教育者だった。青年時代からカトリックの組織で活動し、社会人になってから教会新聞の編集長も務めている。大学で法律を学んだ後、司法試験の１次試験に合格するが、法曹界には進まず、フリーのジャーナリストとして、ラジオ放送局のボン通信員などを務めた。94年に連邦議会議員となり、欧州議会議員、州の社会統合担当相などを経験している。

優しすぎる政治家――。いつもにこやかで、政敵を罵倒することも少ないラシェットは、しばしばこう評される。ＣＤＵの政治家としては、トルコ移民やイスラム教には寛容すぎるきらいがあり、党内で「トルコのアルミン」とあだ名をつけられたこともある。２０００年代後半、デンマークやスウェーデンの日刊紙にイスラム教の預言者ムハンマドの風刺画が掲載され、国際問題となった際には「イスラム教徒には、宗教的な感情が傷つけられた、と訴える権利がある」と、イスラム教徒に理解を示した。党の州支部代表として戦った13年の総選挙では、トルコ移民の女性を候補者リストの上位に推薦し、「不公平だ」として党内から批判されてもいる。

党首選の支持率でいまひとつ伸び悩むのは、決断力とリーダーシップに欠けるとの印象があるためだ。18年の最初の党首選では、躊躇《ちゅうちょ》したあげく、立候補を見送った。連邦政府での連立の組み合わせ（ＣＤＵとＳＰＤ）と、州政府の連立（ＣＤＵとＦＤＰ）が異なることを理由にしたが、その状況は今日も変わっておらず、単に決断力がなかっただけと受けとめられている。

ＳＰＤの牙城だった州選挙で勝利したものの、ラシェット自身は実はあまり選挙に強くない。98年の連邦議会選挙では敗北し、欧州議会に転じた。２０１０年に州の党支部代表選に立候補した際には、後述するレットゲンに敗れている。2年後にレットゲンが辞任したことで支部代表の座が転がり込んできたが、「ほかになり手がなかったからだ」という陰口をたたかれた。17年の州議会選挙で勝利したのも、ＳＰＤの州政権下で外国人による犯罪が相次いだことや、インフラ整備が遅れていたことなど「敵失」によるところが大きかったといわれる。15年末に女性に対する同時多発的なハラスメント事件が起きたケルンは、ノルトライン・ウェストファーレン州を代表する都市だ。

ラシェットはこれまで、しばしば、スキャンダルも報じられてきた。

政治活動と並行して、１９９９年からアーヘン工科大学で非常勤講師として教鞭をとっていたが、２０１５年にあるまじき行いが発覚する。学生に課した筆記試験の答案をなくしてしまい、結果として、試験を受けていない学生にも評点を与えてしまうという失態を演じたのだ。ラシェットは大学やメディアの追及を受けて、「自分のノートに残っていたメモを参照に評点しなおした」とあわてて弁明したが、そのノートはどこかに破棄してしまったといい、求められても証拠として示すことはできなかった。事実をごまかすような答弁に批判が集まり、講師の辞任を余儀なくされた。

同年には、課税所得の申告をめぐっても問題が発覚する。09年、ラシェットは、『Die Aufsteigerrepublik, Zuwanderung als Chance』（未邦訳）と題した移民政策に関連する本を出版したが、その報酬を申告していなかったことが明らかになる。報酬は公益団体に寄付しており、悪質性は薄いものの、再び、管理能力を問われることになった。

第3の候補者レットゲンは、第2次メルケル政権で環境相を務め、フクシマ後の脱原発に尽力した人物でもある。弁護士資格を持つエリートで外交にも強く、一時はポストメルケルとしての呼び声が高かったが、いまではすっかり信用を失い、党首選での支持率も低迷している。

きっかけは、12年にあったノルトライン・ウェストファーレン州の州議会選挙だった。当時、レットゲンは連邦政府の環境相。党の州支部代表も務め、選挙に勝利すれば州首相となる「筆

インタビューに応じるノベルト・レットゲン氏＝2017年1月、ベルリン

頭候補」として戦った。この選挙の直前、公共放送のテレビ番組に登場したレットゲンは、司会者の女性から「選挙に負けても、州のために仕事をするつもりはあるのか」と問われて、「私はもともと州の首相にならなければならないと思っている。残念ながら、それを決めるのは有権者だ」と語り、暗に否定したのだった。

地元のために働く覚悟を決めていない候補者にだれが投票するのか。結果は、歴史的な惨敗だった。メルケルは、この敗北を理由に環境相のポストを取り上げてしまう。その後、連邦議会の外交委員長として、ロシアによるクリミア半島の併合や、イランの核問題に向き合うなど八面六臂《はちめんろっぴ》の活躍をしているが、大臣をクビになったという過去は重く、信頼回復には遠い状況が続いている。

影の主役

最初の党首選に立候補し、敗れたシュパーン保健相は今回、出馬を見送った。ＡＫＫが辞任を表明した直後の世論調査では、メルツらに大きな後れをとり、今回も勝ち目がないと見込んだようだ。まだ若く、立て続けに惨敗することは、今後の経歴に傷がつくと判断したようだ。

シュパーンが選んだ道は、ラシェットとの共闘だった。ラシェットが勝利した暁には、副党首として党を引っ張るという。出馬会見には２人で姿を現し、「今は党のチームワークが必要。ラシェットは州首相として、保守派とリベラル派をうまくまとめてきた」と持ち上げた。ラシェットが勝つとすれば、シュパーンの貢献なくしては語れないだろう。

ただ、シュパーンとラシェットの価値観は１８０度違う。ラシェットがリベラル路線の継承者だとすれば、シュパーンはごりごりの党内右派だ。難民政策や対イスラムに絡む発言では、メルツ以上に過激さが目立つ。第４次メルケル政権の発足に伴って閣僚入りし、保健相についたが、これは党執行部に不満を持つ若手党員の声が、メルケルが無視できなくなるほど大きくなっているからだ。仮にラシェットが新党首となった場合、党内でのシュパーンの存在感は、これまで以上に大きくなるだろう。それは、右派の影響力が極めて大きくなることを意味する。

ショイブレ連邦議会議長が「間違いなく次世代の党のリーダーだ」と太鼓判を押すシュパーンとは、どのような人物か。ここで少し触れておきたい。

最初の党首選が行われた会場で、私はシュパーンと握手を交わす機会があった。よく通る太い声。大柄で眼光が鋭く、相手を威圧する雰囲気を持つ。生まれ持った体形を責めるわけにはいかないが、しばしば「尊大な人物」と陰口をたたかれる一つの理由にもなっている。

3人の候補者と同じく、シュパーンもまた、ノルトライン・ウェストファーレン州の出身だ。中小企業のビジネスマンを父に持ち、子どものころから、議論好きで野心的な性格だったという。半生を描いた『Jens Spahn』（未邦訳、Michael Bröcker 著）には、高校の卒業アルバムの写真が掲載されている。アルバムの編集者がそれぞれの生徒の写真の横に「将来の職業」をおもしろおかしく書き添えているのだが、シュパーンのところには、「首相、ほかに何があろうか」とコメントされている。このころからクラスメートに首相になる夢を語り、もし首相になったら、クラスメートのだれがどの閣僚になるのかについて談笑し、ふざけあっていたという。

若手保守派の意見を代表し、党内の権力者にも言いたいことを言う。それがシュパーンだ。世の中がまだ難民の歓迎ムードにあった15年11月、自ら執筆した共著『Ins Offene』（未邦訳）の中で「たくさんの人々が毎日ボランティアで超人的に対応しているが、国家はすでに機能不全の状態にある」「国内の自由を保障するために、国境の安全管理を必要としている」と警鐘をならした。「機能不全」という表現を使ったことがメルケルの逆鱗に触れ、以降2人の間に溝が広がっていく。

公の場で真っ向から対立したのは、16年12月のＣＤＵ党大会でのことだった。かねてからメルケルの政策運営に批判的だった青年部が、外国人の二重国籍に制限を設けるべきだとする動議を提出した。トルコ移民を念頭に置いたもので、「二重国籍を持つ限り、ドイツに忠誠心を持てない」との思いからだった。

ＣＤＵの党首選挙で演説するイェンス・シュパーン氏＝2018年11月、シュレスウィヒ・ホルシュタイン州リューベック

提案を受けて、党幹部のデメジエール内相（当時）が演説に立ち、「連立を組むＳＰＤと仲違いするわけにはいかない」と制度の継続を訴えた。二重国籍の実現は、多様な社会の実現を求めるＳＰＤが強く主張して実現したものだったからだ。これに対し、当時はまだ財務省の政務次官に過ぎなかったシュパーンが手をあげて演台に立ち、「連立の事情で妥協しなければならないのはわかるが、今日は党大会なのだ」「移民がドイツ社会の一部になるのに、いったい何世代かかるというのだ」と声を荒らげた。この演説に会場は沸き、結局、賛成３１９票、反対３００票で動議が可決

されてしまう。

憮然としたのはメルケルだ。トランプ大統領ら世界でポピュリストが台頭し、自らの難民政策への風当たりも強まる中、大会の演説で「あなたたちは私を支えなければならない」と訴えたばかりだった。メルケルもまた、SPDと同じように、二重国籍の制度が「多様な社会」のあり方を担保していると考えていた。政権内部からの思わぬ「反乱」に動揺したメルケルは、大会が終わると真っ先にシュパーンに駆け寄り、党員たちの面前で叱責した。「政権の一員として、内相を欺くようなことを言ったり、予定されていなかったテーマに注目を集めたりするべきではない」。公の場で怒りをあらわにすることは珍しいことだった。直後のテレビインタビューでメルケルは決定に従わないことを表明し、党内からの反発の声をますます強めることになる。

シュパーンの歯に衣着せぬ物言いは、昔からだったようだ。

高校生だった1990年代、原発から出される「核のゴミ」が自宅近くに持ち込まれるという話が浮上し、若者を中心に大々的な反対運動が起きた。このとき、シュパーンは大勢におもねることなく、持ち込みに賛成の論陣を張っている。

人々が1年間に核物質の輸送容器から浴びる放射線量は、スペインのマヨルカ島への飛行機旅行よりも少ない。なぜ、反対するのか。さらに原発は地球温暖化対策にも有効だ――。地元新聞にそんな意見を投稿し、論争を巻き起こした。学校の教師らが地元新聞に反対の広告を出すと、シュパーンは同じ新聞に、負けまいと広告を出して対抗するような有り様だった。フクシマの事故後にメルケルが決めた脱原発には、今日でも異議を唱えている。

ＣＤＵの票田《ひょうでん》の高齢者にも臆することはない。地元市議を経て02年、連邦議会の議員になると早速、厚生委員会に入って、それまでタブー視されていた年金負担の問題に手をつける。年金支給額の引き上げ案に「将来世代への負担が増すだけだ」として反対し、高齢者でつくる年金連盟から「落選運動」をしかけられている。

それでも選挙ではしぶとく生き残った。「たとえ、すべての陣営から批判を浴びても、平気でいられるのがシュパーンなのだ」。父親のゲオルクは、前掲の半生記の中でこう語っている。シュパーンが、イスラム系の人々を毛嫌いするのは、彼が同性愛者であることと無縁ではない。

２０１７年、雑誌「ブンテ」のやり手の編集長だった男性と結婚している。４年の交際を経ての結婚だったが、２人で手をつないでベルリンの街を歩くと、中東系の移民から「ホモ野郎」「ペニスしゃぶり」などと、しばしば侮蔑の言葉を投げかけられたという。メディアの取材に対し、「あなたはイスラム社会ではひげを生やすだけで良い。しかし、私のような同性愛者は、高い塔から投げ捨てられるのだ」などと、同性愛者に差別的なイスラム社会への嫌悪を繰り返し口にしている。

シュパーンにとって、イスラム社会は、女性やマイノリティーの権利を抑圧する非民主的な社会と映る。「家父長的なイスラム社会からきた人々は、男女関係や政治と宗教の関係、少数派の権利について、われわれとは異なる理解をしている。それは大きな問題だ。しかし、われわれドイツ人は、外国人に敵対的と思われるのがいやで、そのことについてはほとんど考えないようにしている」。ドイツ社会についての不満をこう語っている。

姉妹政党の党首も

3人の候補にはそれぞれマイナスのイメージがつきまとう。メルツには「昔の顔」、ラシェットには「優柔不断」、レットゲンには「信用できない」。そうした中、コロナ禍で俄然《がぜん》、注目を集め始めた人物がいる。バイエルン州の州首相で、CSUのマルクス・ゼーダー党首だ。

「なぜマルクス・ゼーダーは突如、メルケルの後継者として最大のチャンスを持つに至ったのか」。2020年7月11日付のシュピーゲル誌は、顔写真を表紙に大きく掲載して巻頭特集を組んだ。

6月下旬から7月上旬にかけて実施したオンライン上の世論調査では、「どの候補者なら、次の総選挙で同盟（CDUとCSU）に最大のチャンスがあると思うか」との質問に対し、ゼーダーが48％と突出。メルツ（16％）、シュパーン（５％）、ラシェット（４％）、レットゲン（３％）を大きく引き離したのだった。

ゼーダーはこの間、危機に強い政治家としてのイメージを浸透させた。バイエルン州では３月20日、ほかの州に先駆けて、外出の制限や飲食店の閉鎖を発表。全国の州首相会議の議長としても采配をふるい、メルケルとならんでメディアに露出する機会も多かった。「コロナは、いつでも森林火災を引き起こしかねない火の粉のようなものだ」「われわれの保健制度に対するストレステストだ」。会見では、メルケルよりも明確かつ多弁に社会に警鐘をならし続けた。

一方、メルツは現職の政治家ではなく、この間「出番」がなかった。ノルトライン・ウェストファーレン州の州首相ラシェットは、市民の自由を束縛する外出制限令には慎重だった。不運にも６月に州内の食肉処理場で大規模な感染のクラスターが発生してしまい、手腕を問われる結果となった。

首相候補者はふつう、総選挙の前にCDUとCSUの間の話し合いで決められるが、バイエルン州のみを活動基盤とするCSUからは、過去に２人しか選ばれたことがない。１９８０年のフランツ・ヨゼフ・シュトラウス、２００２年のエトムント・シュトイバーだ。しかし、いずれも選挙でSPDの前に敗れ、首相になることはできなかった。仮にゼーダーが連邦政府の首相となれば、CSU史上初めてとなる。

ゼーダーは7月現在、「私の居場所はバイエルンだ」として、首相候補者になるつもりはないことを表明している。しかし、19年にCSUの党首に就任した際にも、直前までその意向を否定していたため、メディアでは「今回も時期をみて表明するのでは」との観測が強まっている。「同盟の首相候補者は、コロナ危機でその能力を証明しなければならない」。自身が7月にメディアのインタビューでそう語ったことも、観測を強めた。

平時のゼーダーには「保守的」「強引」「子どもっぽい」「ポピュリスト」といった評判がついてまわる。

１９６７年、州内ニュルンベルクで左官業を営む両親のもとに生まれた。16歳でＣＳＵに入党。大学で法律を学び、ジャーナリストの見習いなどを経て、94年に州議会議員となった。

若いころから、ＣＳＵの党首だった大物保守政治家のシュトラウスにあこがれ、自宅には等身大のポスターをはるほどだった。２００４年、幹事長としてメディアのインタビューに応じたゼーダーは、緑の党の核となった１９６８年世代について「ドイツを危機に陥れた責任がある。規律が失われ、あらゆる愛国主義が否定された」と批判を展開。さらに「国家のアイデンティティーとその象徴について話すことは重要だ」として、学校で国歌を斉唱し、教室にキリスト教の十字架を掲げることの重要性を主張している（04年4月12日付、シュピーゲル電子版）。２０１８年春、州首相に就任するや、州内のすべての公共施設に十字架を掲げることを政令で定め、各方面から「信仰の自由を定めた基本法に違反するのではないか」と批判の声があがった。

イスラム教や難民に対する厳しい態度は、メルケルと悶着を起こした前党首のゼーホーファーの上をいく。06年、政府とイスラム団体がお互いの対話のための会議を立ち上げると、「ドイツで暮らそうと思う者は、われわれの価値を支持すべきだ。そうでない者には未来はない」と対話に懐疑的な発言をしている。15年の難民危機では「われわれは全世界を救済することはできない」として、難民の庇護を定めた基本法の見直しに言及。パリでイスラム過激派による同時多発テロが起きた直後には、犯罪と難民政策を直接むすびつけて「ドイツの難民政策を変えなければならない」と発言し、ゼーホーファーから諌《いさ》められている。次々と入国する難民に対して「まるで観光のようだ」と品のない言葉でなじったのもゼーダーだった。

次期首相候補として取りざたされるバイエルン州のマルクス・ゼーダー氏＝2018年10月、ミュンヘン

ギリシャに端を発した経済危機の際には、ギリシ

ャをユーロから離脱させることにも言及している。

シュピーゲル誌は、ゼーダーの強引さをサッカーのテーブルゲームに例えて、こう表現する。「反則にもかかわらず、選手の人形をぐるぐると回して攻めていくタイプ。メルケルは、シュートの機会を慎重に見極めるタイプだ」。朝6時には起床して、SNSで部下に指示を出す。会見では、同席する大臣たちには話させず、場を独占する。州首相として毎週月曜日、各省庁のプレス担当を集めて1週間の会見予定を述べさせるのだが、「おいしい」と思ったものは自分で出張《でば》って行ってカメラの前に収まる。

コロナ禍での立ち居振る舞いでもスタンドプレーが目立った。3月22日に全州の州首相が集まり、一致して対応を決めることを事前に申し合わせていたが、ゼーダーは直前に単独でバイエルン州の「外出制限令」を決めてしまう。全州首相の会議では、3人以上の集会を禁じるなど厳しい措置で合意するが、ゼーダーは各州がバイエルンにならったかのような発言をして、ひんしゅくを買った。有権者の間に広まった「危機に強い政治家」のイメージは、こうして作られた面もあった。

ライバルは緑の党

もっとも、次期首相が同盟（CDUとCSU）から選ばれると言い切るのは、いささか早急かもしれない。新型コロナウイルスへの危機対応で、同盟の支持率は上がっているが、それでも、40％を優に超えていたかつてのような強さはもうない。伝統的な二大政党が支持を減らす一方で、ＡｆＤとならんで急速に浸透しているのが緑の党だ。20年３月19日の世論調査（インフラテスト・ディマップ）によると、支持率は23％で、同盟の30％に続く勢い。ＳＰＤの14％を引き離し、19年７月には、一時、同盟を抜いてトップに立った。コロナ禍が一段落すれば再び勢いを増し、初めて首相を輩出する可能性も残っている。首相を出さなくても、連立交渉にあたって「台風の目」となることは間違いなさそうだ。

緑の党は、ベトナム戦争反対を掲げて闘った「１９６８年世代」が中核となって１９８０年に発足した環境政党で、98年から２００５年までは、ＳＰＤに協力する形で連立政権に参画していた。フクシマ後の11年には、ＣＤＵの牙城だった南西部バーデン・ビュルテンベルク州で反原発を訴えて圧勝し、全国で初めて州首相のポストを握った。全16州のうち、20年９月現在10州で連立政権に参加している。

この１、２年に急速に支持を高めている背景には、いくつかの理由がある。一つは、地球温暖化が再び注目を集めていることだ。スウェーデンの高校生グレタ・トゥンベリさんに触発される形で、ドイツでも若い世代を中心に環境意識が高まっている。彼女が始めた運動「未来のための金曜日」にはドイツでも何十万という学生が参加し、授業をボイコットして集会やデモを繰り広げている。環境の変化を肌で感じる機会が増えていることが大きい。19年の夏には史上最高となる42度を記録し、暖冬も続く。

二つ目は、ＡｆＤに奪われた票を取り返そうと、保守政党がＡｆＤ寄りの政策に舵を切ったことだ。とりわけ、南部バイエルン州を基盤とするＣＳＵが、品のない言葉を使って難民排斥に動き出すと、姉妹政党のＣＤＵを含めて支持離れが加速した。本来であれば、中道左派のＳＰＤへ流れてもおかしくないところだが、同盟と長年にわたって連立を組むＳＰＤは、有権者の目には保守政党との実質的な違いが見えにくくなり、もはや受け皿とはなり得なくなっている。

そして、三つ目の理由は、１９６９年生まれの若き哲学者、ロベルト・ハーベックが18年１月に党首に就任したことだ。ジーパン姿が良く似合い、端正な顔立ちから「左派のブラッド・ピット」（南ドイツ新聞）とも呼ばれる。エネルギッシュで、探究心あふれる姿は、かつてのウィリー・ブラント首相とも比較される。

緑の党には結党以来、大きくわけて二つのグループがある。アンチ資本主義で、一切の妥協を許さない原理主義者（Fundis）と、他党とも折り合いながら実現可能な政策を模索する現実主義者（Realos）のグループだ。ハーベックと、共同党首で女性のアンナレーナ・ベアボックは、２人ともRealosという、党の歴史では珍しい組み合わせとなった。

緑の党も「愛国」

ハーベックは、ブラント元首相と同じ北部シュレスウィヒ・ホルシュタイン州のリューベックに生まれた。両親は、東欧からの避難民で薬局を営んでいた。17歳になろうとしていた１９８６年４月、チェルノブイリで原発事故が起きる。ドイツでも汚染された雲から雨が降った。土壌汚染への懸念からキノコが食卓に上がらなくなり、牧草を食べた牛からの搾取された牛乳が捨てられた。全国で原発への反対運動が起きた。それまで、さして政治に興味がなかったハーベックが、環境問題に関心を向けるきっかけとなった。

ただ、政治活動を始めるのは30歳を過ぎてからで、それまでは哲学や文学、文学の創作に没頭する日々を送る。クラウディア・レシェフト著の半生記『ROBERT HABECK』によると、高校時代に影響を受けたのは、プラトンとカミュだ。プラトンの「国家論」にある有名な「洞窟の比喩」に触れて彼はこう思ったという。「真実を知るためには、洞窟の中の幻影をみて安住するのではなく、リスクをとって外に出ていかなければならない」。また、不条理の哲学を説いたカミュの『シーシュポスの神話』を読み、こう思う。そもそも人生に意味はないが、それでも強い力に反抗しながら生き続ける、そこにこそ意味があるのだ、と。

体制に安住するのではなく、真実と正義を探求するために行動に出る。来世を信じるキリスト教徒としてではなく、不条理な世界に生きる人間として行動する。ハーベックの価値観は、学生時代の思索と読書によって培われた。CDUの候補者3人はいずれもカトリックだが、ハーベックはプロテスタント系の家庭に生まれながらも、どこの教会にも属さない無神論者だ。ただ、慈悲や哀れみといったキリスト教の精神は共有する、といい、自らを「世俗的なキリスト教徒」と称したこともある。

進学したフライブルクの大学では哲学を専攻し、カントやヘーゲルを学ぶ。博士の学位まで得るが、学者にはならず、大学時代に知り合った妻とともに作家活動にいそしんだ。この間、デンマークに留学し、デンマーク語にも堪能となった。

緑の党に入党したのは、02年。中央政界ではSPDと緑の党が初めて連立を組んで4年がたっていた。前年、「Realos」に属する外相ヨシュカ・フィッシャーのもとで、ドイツ軍のアフガニスタン派兵が決まる。9・11をきっかけにして始まった米国の対テロ戦争「不朽の自由作戦」に協力したものだった。この決断は、緑の党の内部で大きな反発を招き、原理主義者たちを中心に離党が相次ぐことになる。

ハーベックは、緑の党がどん底にあった、まさにこのタイミングで党に入る。人材不足もあって、すぐに地元地区支部の幹部に抜擢された。その後は郡議会の議員を経て09年に州議会議員、12年からは州連立政権で閣僚（エネルギー改革・農業・環境相）となるなど、とんとん拍子に出世していく。

ハーベックの強みは、卓越したコミュニケーション能力にある。官僚の用意した文書を読んだり、常套句を用いたりすることはなく、思想に裏付けられた自らの言葉で、聞き手を引き込んでいく。

緑の党の党大会で会場からの質問を受けるロベルト・ハーベック党首＝2018年11月、ザクセン州ライプチヒ

州大臣時代、自然保護団体とムール貝漁師の長年にわたる対立に終止符を打ったことで注目を集めた。世界遺産に登録されているワッテン海の沿岸では、ムール貝の底引き網漁による環境への影響が懸念されていた。貝の減少ばかりではなく、岩礁の破損も問題となっていた。ハーベックは、漁師たちのもとへ幾度となく足を運んで「持続可能な漁があってこそ、消費者の理解が得られ、安定した売り上げが得られるのではないか」と繰り返し説得して回った。胸襟《きょうきん》を開いて、酒を酌《く》み交わすこともしばしばだった。結果、漁区を大幅に制限するという譲歩を引き

出し、自然保護団体との合意にこぎつけた。

いったん相手の立場に立って物事を理解し、そのうえで相手方にも問題の「全体像」を理解してもらう。そして、何が最適な解決策なのかを考えさせる。半生記の著者レシェフトの言葉を借りれば、「対話の相手と一緒に同じヘリコプターに乗り、上空から全体像をみてもらい、そして決断させる」のがハーベックの手法だ。哲学者ヘーゲルのアウフヘーベン（止揚）の思想を彷彿とさせる。水鳥やイルカが漁師の網にかかって死んでしまうという長年の問題でも、漁のできる水域を制限するということで漁師と環境団体の合意を引き出した。土地所有者らとの話し合いを重ねながら風力発電や送電線の設置を進め、再生可能エネルギーを普及させたことも、大きな功績だ。

一方、現実的ではない理想論を嫌うのもハーベックだ。たとえば畜産農業の議論。菜食主義者が多い党内には、動物保護と自然保護の観点から、「大規模な畜産農業を廃止するべきだ」との声がある。13年の総選挙で、緑の党の筆頭候補だったユルゲン・トリッティンらに代表される意見だ。原始的で牧歌的な生活に戻り、できれば菜食主義者に――。トリッティンらのこうした主張には決してくみしない。代わりに、えさにまぜる抗生物質を減らした飼育の仕方や、衛生的な家畜小屋の整備といった、実現可能な提案をする。

現実主義は、難民政策についての考え方にも表れている。国境を無秩序に開き続けることには反対し、ドイツ社会の受け入れ能力に応じて数を決めるべきだと主張する。自著『Wer wagt, beginnt』（未邦訳）の中で述べている。「難民を統合する準備と能力に応じて、ドイツに入国が許される難民受け入れの数を決めるべきだ。具体的な現実が、道徳的な命令の実現可能性を決めるのだ」。困っている人には無条件に支援の手をさしのべるべきだ、と考える人の多い緑の党の中では異色だ。

15年に多くの難民が押し寄せた際、ドイツ政府は、難民申請や審議の手続きを迅速化する一方で、アルバニア、コソボ、モンテネグロの3国を「安全な出身国」のリストに加えた。いったんこのリストに入ると、これらの国々から入国する人々は、難民として認められる可能性が極めて低くなる。一連の立法は、入国者をなるべく少なく抑えたい保守勢力と、難民に寛容でありたいリベラル勢力の妥協の産物だった。

緑の党の内部では、この取引に応じるべきではない、との声も強かったが、ハーベックは州閣僚として参加する連邦参院（上院）の採決で、賛成票を投じている。「連邦議会（下院）で10％弱の議席しか持たない野党としては、このプロセスに参加することでしか意思決定に参加できない」「きれいな手で交渉を終えることはできない」。自著では、理想ばかり掲げて「反対のための反対」を続ける党内の勢力を批判しつつ、こう述べている。

ハーベックが全国区で注目を集めたのは、17年の総選挙の前に行われた党首選だった。過去

10年近くにわたって党首を務めてきたジェム・オズデミルに肉薄。敗れはしたものの、総選挙で緑の党が第6党に終わると、刷新を求める声が強まり、翌年1月に圧倒的多数で党首に就任する。

緑の党の支持率が上がり始めるのは、このころからだ。環境問題への有権者の意識の高まりや、AfDの政策をコピーしようとする保守政党の敵失にも助けられ、18年秋にあったバイエルン州、ヘッセン州の議会選挙ではいずれも第2党に躍進。19年5月の欧州議会選挙でも得票率は20・5%と、CDUに次ぐ支持を集めた。

ハーベックは、緑の党の中でこれまで忌み嫌われていた「愛国心」という概念を否定しない。彼にとって、国家は人々が連帯感を持って生きるために必要な枠組みなのだ。自著『Patriotismus : Ein linkes Plädoyer』(未邦訳、愛国主義―左派の意思表明)の中で、「愛国心というものを右派のナショナリストたちだけにゆだねるべきものではない」と主張してこう述べる。

「もし人間というものがお互い支え合って生きる存在であるなら、たとえ知り合い同士ではなくても、また、年齢や教育、故郷によって異なる価値観を持っていたとしても、感情的な心のふれあいや、共通の考え、連帯の情念が必要とされるのである」

ハーベックにとって「自由」とは、他者から干渉されない、という意味にとどまらない。「国家」とは、人々の財産を保証したり、「万人による万人のたたかい」を抑止したりする存在にとどまるものではない。人々には、所得の再分配などを通じて他者に積極的に貢献することが求められ、国家への忠誠心も求められる。

ただし、愛国心は、血統や民族にかかわらず持つべきものであり、だれかを排除するものではない、という。目指すのは、哲学者のハーバーマスが提唱した「憲法愛国主義」だ。民主主義という制度を保証する国家への忠誠心というべきもので、その忠誠心があってはじめて、違う民族同士が同じ共同体（国家）の中でよりよく暮らすことができる、とするものだ。ハーベックは、血統を重視して他民族を排除する形の愛国主義を「右派の愛国主義」として批判し、自らの主張を「左派の愛国主義」と定義して、こう述べる。「左派の愛国主義とは、憲法愛国主義のこと。そこでは、権利とともに義務に目覚めた市民が必要とされているのだ」

疎外やアイデンティティーに悩む先進国の市民にとって、「左派の愛国主義」はひとつの解決策となるかもしれない。だが、愛国主義は、共同体への忠誠を意味する以上、よほど気をつけないと血統主義や民族主義へと転じてしまう可能性も否定できない。とりわけ、共和制に慣れ親しんだフランスと異なり、ドイツの歴史は民族主義によって彩られている。またハーベックは、愛国と同時に「世界に開かれた国家」を目指すというが、国民に国家への忠誠を求める以上、「自国第一主義」に陥る危険性もないとはいえない。「左派の愛国主義」は頭では理解できても、果たして人間はそこまで理性的に行動できるのだろうか。興味はつきない。

凋落する社民党

緑の党やAfDが支持を伸ばす一方で、SPDの凋落は著しい。17年から3年弱の間に暫定を含めて5度も党首が替わり、党勢の立て直しを図ろうとしているが、先の見えない状況が続いている。

1863年結党のSPDは、2度の大戦をくぐり抜け、欧州でも老舗の政党だ。ナチ政権下では、議会の同意なく政府が法律を決められる「全権委任法」に反対し、活動の中止に追い込まれた。戦後、活動の再開が認められ、ウィリー・ブラント、ヘルムート・シュミット、ゲアハルト・シュレーダーの3人の首相を輩出し、1960~70年代、90年代後半は支持率が40%を超えたこともあった。しかし、最近は10%台に落ち込んで緑の党の後塵《こうじん》を拝している。

凋落の理由として、労働組合などの支持母体が弱体化したことが挙げられるが、同時に「SPDはもはや庶民の気持ちが分からなくなっている」という印象が広がったことも大きい。

きっかけは、「アジェンダ2010」という一連の経済改革案に含まれていた労働市場改革だった。シュレーダー首相が2000年代に手がけた。解雇を容易にし、派遣労働の既成を緩和するとともに、失業手当を支給する条件として職業訓練を課した。同じころ、日本では小泉純一郎首相が、経済閣僚の竹中平蔵とともに構造改革を実施し、派遣労働者を増やす結果となった。ドイツではそれを保守政党ではなく、社民政党が手がけたのだった。旧東独の非効率な国営企業の倒産や、新興国への企業の移転により、失業率が上昇していたことが背景にあったが、労働者には「裏切られた」という気持ちが強く残った。働いた年月に応じてもらえていた失業手当の支給期間も短縮され、再就職できなければ、強制的に生活保護レベルに給付額を減らされる仕組みも導入された。ＳＰＤの議員の一部は反発して離党し、旧東独の流れをくむ政党に合流して、今日の左派党をつくるに至った。

17年5月、1年半後に閉鎖を控えたルール工業地帯の炭鉱所で、仕事を終えて地下から出てきたばかりの労働者たちに話を聞いたことがある。間近に迫った州議会選挙（ノルトライン・ウェストファーレン州）の投票先を聞く取材だった。もう20年以上もここで働いているというフセイン・デデオールさん（49）は、労働市場改革を批判したうえで「ＳＰＤはもはや労働者のための政党ではなく、小さなＣＤＵに成り下がってしまった。昔はＳＰＤに投票していたが、今回は別のところに入れる」と話した。取材に応じた7人のうち、投票先としてＳＰＤと答えたのは1人だけだった。残りは、トルコ系の移民でつくる小政党やＡｆＤの名前を挙げた。

追い打ちをかけたのが、05年から3度にわたって、メルケル率いる同盟と連立を組んだことによる負の側面だ。この間、付加価値税の引き上げなどSPDが反対していた政策がCDUの主導で次々に実現していく。さらにはユーロ危機で危機に陥った銀行に資本を注入することも実現してしまう。一方、SPDの主導で具体化した政策も、あることはあった。国レベルで最低賃金制度を導入したり、上場企業の幹部ポストに女性の割り当てを義務づける法律を成立させたりした。だが、「連立を組む中でこれらがメルケルの成果と受け止められ、支持率の上昇にはつながらなかった」（政治学者のゲロ・ノイゲバウアー氏）というのが現実だった。

「私たちは連立政権を離脱し、もう一度左派色を強めなければ、消えてなくなってしまう」。17年の年末、そう言って立ち上がったのが、党青年部のケビン・キューネルト代表だ。1989年生まれのキューネルトは、ベルリン自由大学を中退後、通信制の大学で政治学を学び、17年11月に青年部の代表についたばかりだった。

シュルツ党首はこの年の9月の総選挙の直後、いったんは下野を表明したものの、CDUの要請を受けて再び連立交渉に入ろうとしていた。そこに待ったをかけたのが、キューネルトだった。

キューネルトの発したメッセージは「庶民の関心への回帰」だった。シュルツは、欧州議会の議長から転じた政治家で、選挙戦では「ひとつの欧州」「欧州に開かれたドイツ」をアピールしていた。それに対し、キューネルトは「欧州は大切だ」としながらも、庶民、とりわけ、インフラが脆弱な地域に住む旧東独の庶民の生活にもっと目を向けるべきだ、と訴えた。

「政治は大きな問題を扱いがちだ。しかし、旧東独では、次々に施設が閉まり、交通網も減らされ、市役所まで行くのにすら大変な思いをしている人々がいる。疎外感を感じている。それがＡｆＤ台頭の原因になっているのが、なぜ分からないのか。政府はいったん財政再建から離れ、インフラの拡大に注力しなければならないのに」

CDUとの連立反対を訴えるSPDのケビン・キューネルト青年部代表＝2018年2月、ハンブルク

大連立への反対を説く集会で、そう説いて回った。緊縮財政の転換を求めると同時に、人工知能（ＡＩ）によって引き起こされるであろう失業への対策や、気候変動の問題にも目を向けるように求めた。炭鉱労働者に支持者が多かったＳＰＤは、脱石炭エネルギーを明確に打ち出せず、それが若い有権者の反発を招いていたからだ。
このころ、キューネルトの頭にあった

のは、左に急旋回するコービン党首のもとで支持を集めていた英労働党や、16年の米大統領選でも注目を集めた米民主党左派のサンダース陣営だった。ある集会でキューネルトに「英国の労働党のようになりたいのですか」と聞いたところ、うなずいたうえで、こう答えた。「SPDは左派の国民政党だ。左派の政治をやらなくて何をするというのか。中道左派と中道右派が、同じ政権にいて訳が分からなくなってしまった」。その後、キューネルトは「BMWは公有化するべきだ」などとメディアで発言して、社会主義者のレッテルを貼られることになる。

18年1月の臨時党大会で、連立交渉入りへの賛成が反対をわずかに上回り、3月には全党員による投票を経て、メルケル政権での3度目の連立が正式に決まった。シュルツは2月、「党の刷新をはかる」として党首を辞任。その後、新党首となったアンドレア・ナーレスは同党初の女性党首として注目を集めたが、支持率は上向かず、翌年5月の欧州議会選挙での敗北を受けてナーレスもまた辞任に追い込まれことになる。

ここで再び動いたのが、キューネルトだった。

19年秋に行われた党首選挙で、全国的にはほぼ無名に近かった男女2人を共同党首の候補者として支援し、現職の財務相で副首相でもあるオーラフ・ショルツ候補らを破ったのだった。

新たに党首となったノルベルト・ワルターボーヤンスと、ザスキヤ・エスケンは党内左派で、大連立に懐疑的。これでドイツ政治は一気に流動化するとみられた。

しかし、党首になるや、２人は連立離脱の主張を封印してしまう。何よりも仕掛け人であるキューネルトが消極的な姿勢に転じる。「連立を去るということは、政治の支配権の一部を失うということだ」。地元紙のインタビューでこう語り、当面は連立にとどまる考えをにじませた。

現状で選挙になっても、さらに議席を減らしてしまう。どうせなら、連立政権の中で存在感を示し、支持率を上げてから選挙を迎えたい――。そんな思惑が働いたようだ。

直後の党大会で、キューネルトは副党首に昇格する。大会では、党の方針として、①財政均衡を義務づけている基本法のルールを撤廃する②シュレーダー政権が導入した労働市場改革を見直す③最低賃金を引き上げる――ことなどを目指すと決めた。地球温暖化対策に向けた取り組みも要綱に盛り込まれた。

それから半年後。新型コロナウイルスへの対策でリーダーシップを発揮したメルケルのCDUとCSUは、10ポイント近く支持率を伸ばした。その影で、同じ政府内にいるのに、SPDの支持率は10％台半ばで低迷を続ける。

《インタビュー》

◆ヨッヘン・ビットナー氏　「メルケルの手法は〝サイレント・ポピュリズム〟」

メルケルの辞任は、ドイツと欧州社会にどのような影響を及ぼすのか。独紙「ツァイト」の編集者、ヨッヘン・ビットナー氏に聞いた（２０１８年12月にインタビュー）。

――なぜ、メルケルは党首を辞任しなければならなかったのでしょうか。

「彼女が辞任するやいなや、党内で活発な議論が始まったでしょ。メルケル党首のもとでは、事実上、なにごとにおいても議論することが許されなかった。ユーロ危機でも、難民危機でも、彼女を批判するものは、極右あるいはＡｆＤシンパのレッテルを貼られてしまう。党内で現実的な政策をめぐる議論を活発化させるためにも、彼女は辞めなければならなかった」

――どういう意味ですか？

「彼女は決して理想主義的な人物ではなく、現実的な政治家だ。しかし、人々の前では決して現実的な議論をしようとしなかった。難民政策を例にとってみると、自身では、なぜあのとき国境を閉じなかったのかを全く説明せず、代わりにジャーナリストや周辺の人物が説明する形となった。結果として、現実的な議論が進まず、異論を唱えるものは極右のレッテルを貼られた。一方で、極右の連中は、『メルケルは国境のない世界を望んでいる』と根も葉もない批判をする。民主主義にとっては、とても不健全な状態だった」

――難民を受け入れるにあたって、メルケルは「われわれなら成し遂げることができる」という強い決意を表明していました。

「本来であれば、難民問題に対応すべきマスタープランを内閣が率先して作成し、どう具体化していくのかを話し合わなければならないはずだ。ところが彼女は、あの言葉を放った後、それすらも自治体に丸投げしてしまった。リーダーシップの欠如というほかない」

――18年9月に東部ケムニッツで大規模な極右デモがあった際、現地に赴いて住民と対話したのも数カ月後のことでした。

「彼女の政治手法は『サイレント・ポピュリズム』とも言うべきものだ。ほかの人々が意見を述べ合っている中で、1人だけ静かにしている。意見が出尽くしたところで、最後に自分の立ち位置を明確にする。結果として、だれからも嫌われずにすむ」

「かつて記者として彼女と付き合った経験から言うと、オフレコのブリーフィングでは全然違った顔を見せた。チャーミングでおもしろく、情熱的に話す。1時間以上にわたって話し続けることもあった。しかし、カメラの前に立つと、とたんにお堅い人物になってしまう」

――ユーロ危機ではリーダーシップを発揮して危機を乗り越えました。

「私もかつて紙面で『自由主義世界のリーダー』と書いたことがある。彼女の分析能力と率直なモノの見方がリーダーにふさわしいと思ったからだ。ギリシャ危機に始まるユーロ危機では、豊富な知識と科学的なアプローチで複雑な問題を解決していった。メルケルがいなければ、ユーロ経済圏はとっくに破綻していた可能性がある」

「しかし、17年の総選挙で党が歴史的な後退を経験した際、メルケルが発した言葉には、がくぜんとした。『ほかにどうすべきだったというのか、私には分からない』と言ったのだ。ポピュリズムが台頭する異常な時代に、これからも従来通りに仕事を続けるかのように振る舞った。いまは、自ら率先して情熱的に人々に働きかけるという形のリーダーシッ

取材に応じる独紙ツァイトの政治エディター、ヨッヘン・ビットナー氏＝2018年12月、ベルリン

プが必要なのだ。英首相を務めたチャーチルのような雄弁さだ」

――ユーロ危機時から何が彼女を変えたのでしょうか。

「党首や首相を長く務めるうちに、疲れてしまったのかもしれない。トランプ氏が米国の大統領になっていなかったら、きっと首相４選に出馬しなかったと思う。開かれた世界の守護者として首相を続けざるを得ないと判断したのだろうが、義務感だけではリーダーは務まらない」

――仮にメルケルがこのまま長く首相を務めたら、世界はどうなりますか。

「欧州は課題が山積している。イタリアの財政危機は深刻さを増し、移民の受け入れをめぐり東西欧州が対立している。もしこのままメルケルが首相を続けたら、欧州の分裂がさらに広がる可能性を否定できない。他国に相談せずに難民受け入れを決めたこともあり、東欧地域ではドイツは『モラル帝国主義』と呼ばれ、彼女は嫌われている」

――逆にメルケルに代わりうる世界のリーダーはいますか？

「しばらく前なら、フランスのマクロン大統領と答えただろう。若く、エネルギッシュで、SNSの世界もよく知っている。ユーロ圏改革にも熱心だ。しかし、いまや彼も国内の問題で精いっぱいになってしまった。正直なところ、もはやリーダーは見当たらない」

第4章　難民たちはいま

難民危機がきっかけとなり、ドイツの政治は大きく揺れることになった。受け入れにあたって「われわれなら成し遂げることができる」と決意を語ったメルケルだったが、保守勢力の台頭を招き、結果的に党首の辞任を余儀なくされた。

一方で、入国した難民たちは、たくましくもしたたかにドイツ国内で生活の根をおろし始めた。この章では、彼らが足元でどのように生きようとしているのかを描くとともに、これまでのドイツの移民・難民政策を振り返りつつ、過去に例のない規模の受け入れに現場がどう対応しようとしているのかを伝えようと思う。

すでに4分の1が就職

南西部にある人口4千人あまりの街、グンタースブルム。あたりはブドウ畑に囲まれ、のどかな光景が広がる。

クルド系シリア人のヤンギン・ブリムコさん（34）が服の仕立屋を開いたのは2018年7月のことだ。開店の日は、地元市長ほか、支援者ら100人近くが集まり、祝賀パーティーを開いた。「あなたの存在はこの街を豊かにし、統合の手本でもある」。CDUの地元国会議員も、こんな手紙を寄せてくれた。

シリアをあとにしたのは、内戦が激しくなり始めた13年のことだ。アレッポで仕立屋を営む両親のもとで育ったが、爆撃に追われるようにして、家族で隣国のレバノンに逃げた。しかし、キャンプでの居心地は悪く、まもなくトルコへ移った。

そこでの生活もさんざんだった。先にきていた親戚の家に身を寄せ、仕立職人として働いたが、1カ月間働いて、給料を全くもらえない月もあった。難民である以上、搾取されても文句を言えないと思った。3人の子どもたちが通う学校もない。3部屋に16人が住む生活だった。「このままでは自分にも、子どもの将来にも未来は開けない」。単身ドイツに渡ることを決心した。自分が先に行って生活の拠点を築き、あとから妻と子どもたちを呼び寄せるつもりだった。

密航業者に7500ユーロ（約90万円）を支払い、50人ほどのグループでイスタンブールをあとにした。シリア人は4人だけ。残りのほとんどはアフガニスタン人だった。

ブルガリア、セルビア、ハンガリー、オーストリアを通ってドイツへ。この間、1カ月以上

接客するヤンギン・ブリムコさん（右）＝2018年8月、ラインラント・プファルツ州グンダースブルム

かかった。徒歩で数時間歩いて、小型バスに乗せられる。そしてまた徒歩で移動。ブルガリアの首都ソフィアでは、密航業者のミスでひとりだけ部屋に取り残され、2週間近く、飲まず食わずの生活を余儀なくされたこともあった。それでもブルガリア政府に助けを求めようとは考えなかった。政府関係者や警察官に見つかれば、EUの規則に従って同国での難民申請を余儀なくされ、ドイツで安定した生活を送るという夢がついえてしまうからだ。

密航業者に携帯で連絡をとり、再びグループに合流した。小型バスには荷物の置きどころがなく、着替えなどを詰めていたリュックは途中で捨てざるを得なかった。

途中、何度か雪に見舞われた。着るものがなく凍えたが、風邪をひいたのは1度だけだった。

「自分は幸運だった。ぐったりして動けなくなった連中もいた」

ドイツに入ったのは、15年1月。まだ、難民が怒濤《どとう》のように押し寄せる半年前のことだった。ラインラント・プファルツ州のトリアで難民申請をし、当面のすみかとして、この街を割り当てられた。

幸運だったのは、ボランティアで支援にかかわっていたマティアス・ケルンさん（42）と、ホウラさん（38）夫妻に出会ったことだ。

夫妻は、この街で仕立屋を開くことをすすめ、郵便局の局舎として使われていた古い建物を見つけてきてくれた。数年前に街でただひとつの仕立屋が閉店し、住民が不便をしていたからだ。商売に必要な道具はネット通販のイーベイで格安で仕入れ、改装作業も手伝ってくれた。

「仕事をすることで、はじめて社会に溶け込むことができる。時間をもてあましたまま孤立すると、よからぬことを考えてしまうからね」とマティアスさん。

私が取材で訪れたのは、開店から1カ月ほどたったころだった。2時間ほどの滞在中に3組のお客さんが訪れ、商売はまずまずの様子だった。流暢に話すドイツ語は、入国してから学んだという。政府から1カ月数百ユーロの生活保護を受けているが、支援の条件として、政府は一定期間、難民たちにドイツ語を学ぶことを義務づけている。

正式に難民として認められ、ドイツ入りしてから2年たった16年の末、家族を呼び寄せた。

空港で再会したときには、涙が止まらなかった。

４歳、７歳、８歳の３人の娘はそれぞれ保育園や小学校に通っている。ブリムコさんはシリアで10歳までしか教育を受けられず、この仕事についた。仕立て用具を買うのに借金をしたため、軌道にのるまで気が気ではないが、未来が開けているぶん、明るく過ごせるという。「ここでは毎日、爆撃におびえなくてすむ。たとえシリアで戦争が終わっても、子どもたちのためにドイツに永住したい」

第１章では、難民の受け入れに反発し、あるいは触発される形で、ナショナリズムに傾くドイツ人の様子を描いた。しかし、一方で、ケルン夫妻のように積極的に難民を受け入れ、社会統合を進めようとする人々が多数いる。その主体は個人であったり、教会であったり、コミュニティーセンターであったりとさまざまだ。難民たちを集中的に取材したのは、18年の夏から秋にかけてだった。受け入れ当時の熱狂とも言える雰囲気はすでになかったものの、地道に根気強く支援が続けられていた。

シリア出身のアブドゥルナサー・ジャダーンさん（26）はいま、ノルトライン・ウェストファーレン州の専門学校で高齢者介護を学びながら、老人ホームでインターンをしている。夢は介護士の資格を取り、ここで働き続けることだ。

15年、シリア西部のハマーを逃れ、トルコ経由でドイツにやってきた。途中、地中海を小さなボートで渡ったが、エンジンが壊れ、救難艇《きゅうなんてい》に拾われた。介護の仕事に出会ったのは、入国してからたずねた職業紹介所の斡旋だった。ドイツでは、難民申請すると、難民として正式に認められていない段階からでも、仕事を始めることができる。正確にいえば、政府から経済的な支援を受けるためには、語学学習を経て、働くか、仕事をみつける努力をしなければならない。シリアの高校を卒業後、しばらく工場で働いていたが、ドイツでは機械と向き合う仕事ではなく、人と接する仕事がしたかった。社会に溶け込み、孤独をいやすには、そのほうが良いと思ったからだ。

介護と難民をむすびつけたのは、デュッセルドルフに本拠を置く看護師養成の専門学校が16年に立ち上げたプロジェクト「Care for Integration」だ。

まず1年ほどドイツ語と介護の基本を学ぶ。その後、介護士の一歩手前の介護補助士の資格をとりたいと思う学生は、1年半の本格的な職業訓練を受けることになる。ジャダーンさんが学んでいるのは、この1年半のコースだ。最初の1年で挫折し、コースを去っていく者もいるが、多くは学び続けているという。プロジェクトには、州政府や連邦政府が補助金を出している。

「難民としてやってきた若者を、どう統合していくかが社会の課題。その半面、高齢化が進む

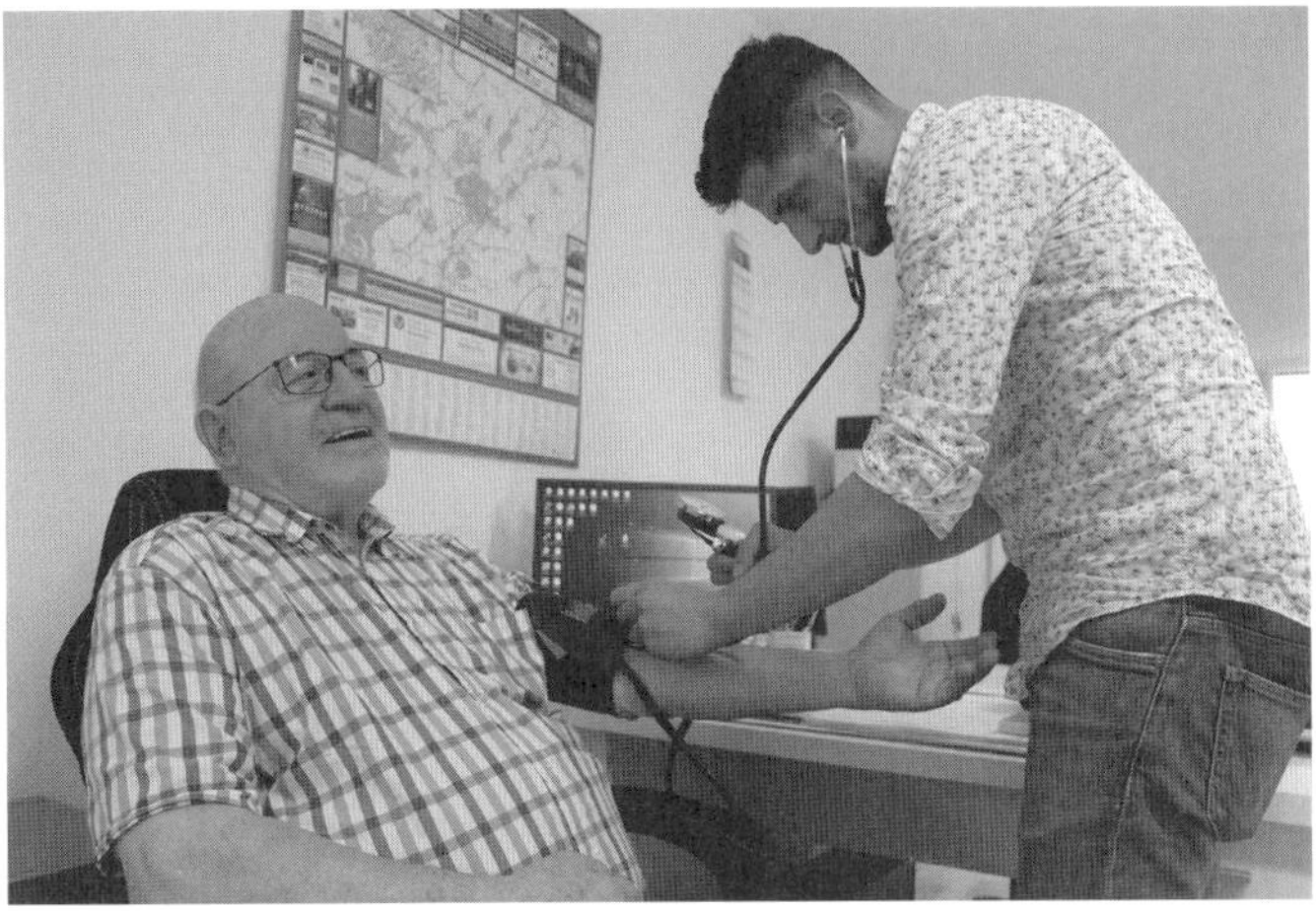

ドイツ人男性の血圧をはかるシリア難民のアブドゥルナサー・ジャダーンさん(右)＝2018年11月、ノルトライン・ウェストファーレン州

ドイツでは、介護分野での働き手が不足している。介護という仕事を通じ、両方の問題を解決できると思った」と語るのは、プロジェクトリーダーとして働くジナ・ユミ・ワーグナーさんだ。ワーグナーさんは父親がドイツ人、母親が日本人のハーフ。もともと専門学校の職員ではなかったが、難民や移民の統合政策に関心があり、立ち上げの当初からリーダーとして奔走してきた。

最初は、新聞などメディアを通じて難民を募集したが、全く集まらずに途方に暮れた。多くはドイツ語を読めないのだから無理もない。そこで、州内各地にある職業紹介所をかけずりまわり、斡旋を頼んだところ、多くの難民が集まってきた。取材した18年10月の時点で、約２００人が州内の七つの拠点で学んでいた。

専門学校のマーガレット・アイゼンバース校長によると、ジャダーンさんがここに通い始めた当初は、精神的に不安定で、うつ病気味だったという。公費でドイツ語を学んだはずだったが、ほとんど話すことはできなかった。しかし、インターンとして働き始めてから、すっかり元気を取り戻したという。「語学学校に行っているころは、クラスの生徒が多くて、ほとんど先生と話す機会がなかった。お年寄りは話し相手がほしいからか、積極的に話しかけてくれる。同僚も助けてくれる」とジャダーンさん。

不慣れなことも多い。そもそもシリアでは、お年寄りは家庭で世話をするべきもので、老人ホームのような施設はまれだ。認知症の患者は粗末《そまつ》に扱われ、ケアの対象にならないことも少なくない。ドイツでは時間厳守が尊ばれ、遅刻は許されない。

血圧をはかったり、洗濯物を洗ったりと、まだ1人でできることは限られるが、それでも将来に向けて着々と経験を重ねている。いまは、政府から生活費をもらっての生活。正式な介護士となって働いて給料をもらい、シリアに住む母ときょうだいを呼び寄せるのが夢だという。

政府機関の労働市場・職業研究所(IAB)が18年に明らかにした統計によると、14年12月末から18年3月末までに入国した難民申請者のうち、就労可能年齢(15〜64歳)のおよそ4人に1人にあたる25・4%の人が、すでに何らかの職を得て、生活の基盤を築きつつあるという。

この期間に増えた該当年齢の難民申請者（アフガニスタン、エリトリア、イラク、イラン、ナイジェリア、パキスタン、ソマリア、シリア）が74万７４６４人だったのに対し、就労者が18万９８８９人増えていたことから、ＩＡＢはそう推計している。

全国各地にいる無数の「ワーグナーさん」がこうした就労を支えている。

外国人受け入れの歴史

ドイツによる外国人受け入れの歴史は長い。政府の統計によると、19年の時点で人口の26・0％（約２１２４万６千人）を移民系が占めている。移民系とは、本人もしくは、両親のどちらかがドイツ国籍を持たずに生まれた人をさす。

ドイツの移民系人口が増えたのは戦後だ。増加した理由はおもに四つある。

まずは、奇跡的な経済成長を遂げたことに伴う労働者の受け入れだった。１９５５年にイタリアと受け入れのための二国間協定をむすんだのに続き、60年代にはギリシャ、スペイン、トルコ、モロッコ、ポルトガル、チュニジア、旧ユーゴスラビアなどとも締結した。61年にベルリンの壁ができたことで東独地域からの労働人口の流入が途絶える一方、60年代初頭からはほぼ完全雇用の状況が続き、恒常的な人手不足に陥っていた。中でも多かったのがトルコ系の移民だ。

ドイツ政府は当初、外国人労働者は一時的に滞在するだけで数年後には帰国するとの前提に立っていた。しかし、現実は違った。オイルショックによる景気の停滞を受け、73年に受け入れを停止したものの、帰国すると思っていた労働者、とりわけトルコからの労働者はドイツにとどまり、逆に家族を母国から呼び寄せたのだった。いったん帰国すれば二度と入国できなくなると考えた彼らは、政府の読みとは逆の行動に出た。すでに数年にわたってドイツで働き、生活の基盤を築いてしまったトルコの労働者は、単なる景気の「緩衝材」ではありえなかった。「われわれは労働力を呼んだ。やってきたのは人間だった」。同じ状況に直面していたスイスの作家マックス・フリッシュは事態をこう論じている。

このとき、居残ることになった移民に対し、政府は長年、十分な言語教育をほどこすなどの社会政策をとらなかった。そのことが後述するように、後年、ドイツ社会の中に外国人社会が溶け込むことなく存在し続けるという「平行社会」を生むことになり、民主主義の基盤を揺るがしかねない事態を招くことになる。

移民が増えることになった二つ目の理由は、難民の受け入れだ。1980年代の後半以降、冷戦の終結とともに東欧社会主義国から多くの人々が追われるようにやってきた。旧ユーゴスラビアでの内戦の激化を受けてその流れが加速。92年にはドイツでの難民申請者数は約44万人に達した。これは、この年にEU圏で申請された難民数の78%に該当するという。

ドイツが選ばれる背景には、地理的に東欧に近いことや西側を代表する経済大国であることに加えて、その外交的な姿勢もある。前にも述べたが、ドイツの憲法にあたる基本法には「政治的迫害を受けるものは庇護権を有する」という庇護権の保障が明記されている。難民の保護を目的とした国際的な取り決めとして「難民の地位に関する条約」（通称・難民条約）などがあり、締約国は140カ国を超えている。しかし、自国の憲法でこれほど明確に難民保護をうたっているのは珍しい。

根底にあるのは、ナチスドイツがユダヤ人を抹殺しようとした、という過去だ。多くのユダヤ人が難民として国外に逃れ、生き延びることができた。戦後のドイツはこの反省に立って再出発し、難民を積極的に受け入れることで、「原罪」を償おうとしてきた。この原罪の克服意識は、学校教育を通じて戦後ドイツ社会のアイデンティティーとも言えるものになった。

各地で難民排斥を訴える右翼団体の集会があると、すぐ近くで若者らによる「反右翼デモ」が開かれているのを目にする。暴力沙汰になることはなく、抗議の声を上げるだけなのだが、大人にまじって、高校生や大学生の姿も多く見かける。戦中のドイツを経験していない彼らだが、話をすると、ドイツは「開かれた社会」を目指すべきであり、ナショナルなものは悪であるという考え方が、実に徹底しているのを感じる。

15年に多くの難民を受け入れたのも、この意識が根底にあるからだ。メルケル首相は同年9

月、メディアのインタビューに答えて「政治的迫害から保護を求めるという基本的権利に、上限はない」と述べ、その後もこの言葉を何度も繰り返してきた。17年秋、メルケルと、CSUのゼーホーファー党首が、難民受け入れの「上限」をめぐって対立したことがあった。保守的なゼーホーファーに押し切られる形で「年間20万人」という数字で合意したが、メルケルは「緊急時には連邦議会の判断で数を増減できる」という条件を入れることで、「上限」を形骸化した。そこには、連立の枠組みを危険にさらしてまで、基本法の精神を順守するメルケルの信念が垣間見えた。

三つ目の理由は、第2次世界大戦の末期から戦後にかけてのドイツ系移民の受け入れだ。ドイツ帝国の支配地域だった東欧諸国や旧ソ連地域に住んでいたドイツ人は、敗戦による迫害や政府間の取り決めによって、狭くなったドイツに「帰還」した。ドイツ人の東方への植民は12世紀にまでさかのぼり、ドイツ国籍を持っていない者も少なくなかったが、政府は、血統や文化など「民族性」を理由に「被追放民」として受け入れた。また、1980年代の冷戦の終結を受けて、流入が再び加速した。旧ソ連や東欧諸国で「民族自決」の動きが強まったためだ。1950年から2016年までに453万人のドイツ系移民を受け入れた。

被追放民やその家族には、民族意識が強く、イスラム圏からの難民の受け入れに批判的な人々も少なくない。被追放民でつくる団体の元代表でCDUの有力議員エリカ・シュタインバッハは17年の総選挙の直前、新聞広告でメルケルへの批判をならべ、ＡｆＤへの支持を明確にした。筆者の取材に応じたシュタインバッハは、「われわれ被追放民はもともとドイツ民族であり、文化を共有していた。それに対し、今日中東やアフリカからやってくる難民はドイツ人ではない。そこが決定的に違う」と話したのだった。ナチスの占領地域だったポーランド北部で１９４３年に生まれた彼女は、終戦間際、赤軍に追われ、母親に連れられてドイツへ逃げ帰った過去がある。

四つ目の増加理由は、ＥＵ内からの経済移民の存在だ。１９９３年にＥＵが発足するとともにＥＵ市民権が創設され、域内では原則、自由な移動や居住、就労が可能となった。とりわけ、04年に東欧諸国が加盟すると、ポーランドなどからの労働者が多くやってきた。現在の移民系人口のうち、最大はトルコ系で14％を占め、次いでポーランド系の11％、ロシア系７％の順になっている。

平行社会

経済成長に伴う人手不足と、ナチスの行為に対する原罪意識は多くの移民・難民をドイツにもたらしたが、一方で「平行社会」の膨張というやっかいな問題を抱えることにもなった。このことは、宗教や言葉といった文化が異なる人々と同じ社会に住み続けることの難しさを示している。

18年7月、1人のサッカー選手のツイッターが大きな波紋を呼んだ。選手の名前はドイツ代表のMFで、英プレミアリーグの強豪アーセナルに所属するメスト・エジル。エジルはドイツに生まれ育ったが、両親はトルコ移民だ。ことの発端は、エジルがこの年の5月、ロンドン訪問中のトルコ大統領エルドアンと一緒に収まった写真だった。「私の大統領」。同席したドイツ代表のチームメートで、やはりトルコ系のイルカイ・ギュンドアン選手が贈り物として手渡したユニホームには、そう書かれていた。大統領選挙を翌月に控えたエルドアンはこの写真をSNSにアップして、自身の選挙運動に利用したのだった。

ドイツに住むトルコ系移民の中には、トルコ国籍を持ち、現地での投票権を持つ人々も少なくない。写真は、トルコ国内のみならず、ドイツでの集票も狙ったものと受け止められた。

この写真にドイツ政界やメディアは激しく反発した。理由は、強権的な手法でトルコを統治するエルドアンを、ドイツ社会が厳しく批判してきたからだ。16年に起こったトルコ国内でのクーデター未遂事件に絡み、加担した軍人のみならず、政府に批判的な多くの市民を拘束。また、独立を求めるクルド人勢力に味方したとして、ドイツ人記者をトルコ国内で拘束するなどしたため、「言論の自由を抑圧する独裁者」として批判の的となっていた。

そのエルドアンを、ドイツの国民的な英雄たちが「私の大統領」とたたえたのだから、たまったものではない。ドイツ代表のヨアヒム・レーウ監督は「ドイツのために戦う者は、この国とその価値観を代表する者だ」とエジルを突き放した。波紋は政財界にも広がった。多文化社会をよしとしてきた緑の党の前党首で、自らもトルコ移民２世のジェム・エッデミールも「ドイツの選手たちの大統領はシュタインマイヤーであり、首相はメルケルだ」と猛反発した。当のシュタインマイヤー大統領も「『エルドアンは私の大統領』と書いたのを知り、困惑した」とコメント。ＡｆＤの議員は「ドイツに誇りを持っている選手もいる。２人はそうした選手に代表の座を譲るべきだ」と代表の引退を求めた。「ベンツ」のブランドで知られる大手自動車会社など有力企業もエジルのスポンサーから下りた。

不運だったのは、この直後にロシアで開催されたサッカーＷ杯で、ドイツが史上最低の結果で、まさかの予選落ちしたことだった。矛先はエジルに向かった。ドイツサッカー連盟のラインハルト・グリンデル会長は、ロンドンでのエジルの行動がチームの輪を乱したとばかりに苦言を呈し、公の場での釈明を求めた。グリンデルはＣＤＵの元連邦議会議員で、社会統合を進める立場から、移民に対して二重国籍の廃止を求めるなど保守的な言動で知られる。「多文化主義は神話で虚像だ」と、発言したこともある。

写真撮影から２カ月後、エジルは次のようなコメントを発信して代表から退くことを表明した。

「母は、（私を育てるにあたって）祖先やその文化的遺産、家族の伝統を決して忘れないように言い続けてきた。私にとってエルドアン大統領と写真をとったことは、選挙や政治の問題ではなく、家族の出身国の最高職位者に敬意を示すことだった。（中略）グリンデル会長とその取り巻きにとって、ドイツが勝てば私はドイツ人であり、負ければ移民なのだ。ドイツで税金を払い、学校に寄付し、２０１４年のＷ杯で優勝したにもかかわらず、私はいまなおドイツ社会に受け入れられていない」

ここで表明されているのは、ドイツで生まれ育ったとはいえ、エジルにとってトルコという国は、自らのアイデンティティーと密接にむすびついたものであり、それなしでは自らの存在が揺らいでしまう「何か」である、ということだ。たとえ、民主主義を否定するような人物がトップに立っていたとしても、トルコとその文化は彼と彼の家族にはなくてはならないものであり、ドイツという異文化の荒波の中で生きていくための「羊水」のようなものなのだ。多文化主義を認めようとしないばかりか、敗因を移民に求めようとするグリンデルは、憎むべき敵だった。

ただ、エジルの場合、本人が認めている通り、トルコという家系にとっての郷里が大事なのであり、エルドアンが持つ政治的な考え方はどうでもよかった。写真が論争を巻き起こすであろうことは、本人も全く意識していなかったことだった。そのぶん、事はそれほど深刻ではないとも言える。一方で、エルドアンの政治信条を支持し、ドイツ政府と対立してしまう移民も少なくない。いわば、ドイツの中に小さな「トルコ共和国」を作ってしまうケースだ。こうなると、事態はドイツの民主主義制度に悪影響を及ぼしかねない。

ドイツには、トルコ系移民で作る政党や政治団体がいくつかある。そのうちのひとつ「ＢＩＧ」。Bündnis für Innovation und Gerechtigkeit（刷新と正義の同盟）の略で、移民系であることを党員の条件にしているわけではないが、事実上、エルドアン支持者による組織だ。ＢＩＧは17年9月のドイツ総選挙で、党員とトルコ系移民に対して、選挙自体をボイコットするように訴えた。

この年の8月、エルドアンは、ドイツ国内に住むトルコ系移民を「私の国民」と呼んだうえで、ＣＤＵやＳＰＤ、緑の党などに投票しないように呼びかけていた。理由は、こうした主要政党がエルドアンの政治姿勢に批判的であるばかりではなく、エルドアンの宿願であるトルコのＥＵ加盟にも反対しているからだ。トルコに対する批判的な見方は、ドイツの主要政党に共通しており、エルドアンの呼びかけは事実上、選挙をボイコットするように求めたものだった。ＢＩＧは、その意向に従い、民主主義の根幹をなす選挙を拒否した。

ＢＩＧは13年の前回総選挙では候補者を立て、議席獲得には至らなかったものの、全国で約

2万票を獲得している。同党のハルック・ユルドゥズ代表は、主要政党によるトルコ敵視を「集票のためのポピュリズム」と位置づけたうえで、「ポピュリズムが支配し、移民が多く住むドイツ社会の分断を招くような選挙には参加できない」とボイコットの理由を述べている。

ドイツで西側の自由を享受しながら、なぜ移民系の人々はエルドアンにひかれるのか。その回答のひとつになりうるのが、サバハティン・チャキラル幹事長（43）の経験だ。取材に応じたチャキラルは、流暢な英語で身の上話を語った。

トルコ東部のアナトリア地方で生まれ、イスタンブールの専門学校でコンピューターを学んだ。ドイツ南西部のダルムシュタットにきたのは1995年、22歳のときだった。IT技術者としての知識があり、ドイツ語、英語を含めて5カ国語を使いこなすが、職業紹介所で紹介されたのはトイレ掃除の仕事だった。ほかに仕事を求めると、紹介所の女性から「トルコ人には、ドイツですでに多くの権利が認められている。望むものは何でも手に入ると思うな」と冷たくあしらわれた。仕方なく、1日2時間のトイレ掃除で糊口《ここう》をしのいだ。

差別だと感じた。当時はトルコの領事館に行っても、アナトリア地方の出身者は田舎者扱いされ、疎外感を募らせた。ところが、エルドアンが2003年に首相に就任すると、領事の態度が一変した。週に1度、移民たちを招いてオープンハウスを開き、コーヒーをともにし、意見交換するようになった。「外国に働きに出たトルコ人を大切にするように」とのエルドアンの指示があったことをあとで聞いた。「エルドアンは差別に悩むわれわれの気持ちをくみとってくれた。救われた気がした」

チャキラルにとって、エルドアンは故国に繁栄をもたらした英雄だ。驚異的な経済成長をもたらし、インフラを整えた。ドイツ政府にも臆せずものを言う。ドイツ政府がトルコ国内の人権や自由の抑圧についてとやかく言うのは、「新興国が力を持つことに対する先進国の警戒感が背景にあるからだ」として意に介さない。

「ドイツで差別的に扱われた」という経験から、トルコやエルドアンへの思いを強める移民は少なくない。

トルコ系移民が多く住むベルリンのノイケルン地区で長年、移民家族の相談にのってきたカジム・エルドアンさん（65）によると、学校の授業で落ちこぼれたり、就職や住まい探しで差別されたりして社会から疎外感を味わった人ほど、アイデンティティーをトルコに求める傾向が強くなるという。移民1世やその子どもたちの中にはドイツ語に不自由し、社会に溶け込めないまま、「ドイツの中のトルコ社会」に閉じこもってしまう人々も少なくない。

「ドイツで夢が実現しなかった人ほど、ドイツ社会のあり方にその原因を求めがちだ。そして、ドイツで育ち、トルコの現実をあまりよく知らない若者ほど、エルドアンやトルコにあこがれるのです」

17年、トルコで大統領の権限を強化するための憲法改正の是非を問う国民投票が行われた。「三権分立や民主主義をゆがめるものだ」として、トルコ国内でも慎重論が強かったが、ドイツ国内に住む移民の賛成率はトルコ国内のそれを上回った。民主主義とは何か、という問いよりも、自らのアイデンティティーをかけて、ドイツにもの申すエルドアンに賛同した人が多かったとカジムさんはみる。

「トルコでは、女性が抑圧され、多くの家庭内暴力が起きている。ときには、殺害してしまう事件すらあった。熱狂的なエルドアンファンの若者には、そうした現実を教えるようにしているのです」

「統合政策」とは

平行社会の弊害は、エルドアンをめぐる議論にとどまらない。戦後間もない時期から外国人を受け入れてきたドイツ社会では、母国から強制的に花嫁を連れてくる「強制結婚」や幼児婚、一族の名誉のために親族による身内の殺人が許容されると考える「名誉殺人」などが問題となってきた。移民の子どもたちの学力の低さも目立ち、それがひいては国内の経済格差を招き、社会の分裂を引き起こしてきた。出身国ごとに暴力団のような犯罪組織もできた。

政府が外国人の社会統合に向けて本格的に舵を切るのは、CDUのコール首相による長期政権が終わり、SPDと緑の党による初めての政権が誕生した1998年以降のことだ。少子高齢化で労働力不足が見込まれる一方、IT人材の不足などは喫緊《きっきん》の課題となっていた。インド系など優秀なIT人材が米国に流れていってしまうことに対する危機感があった。一方で、子どもたちの学力を国際的に比較するPISAの試験で、移民系の子どもたちの学力が、他の欧州諸国に比べて極端に低いといった結果も出ていた。

それまでは、多くの外国人を受け入れながらも、政府は「ドイツは移民国家ではない」「外国人はいつか母国に帰る」という建前を続け、本格的な統合政策には後ろ向きだった。いったん景況が悪化すれば、不満の矛先が外国人に向かいかねないという懸念もあったからだ。実際、旧ユーゴスラビアなどからの難民が多く流入した1990年代前半は、失業率が増加した旧東独地域を中心に、難民の居住施設に放火するなどの事件が相次いだ。

2005年、政府は議論のすえ、「移民法」を施行する。その中で、高度人材など限られた職種に限って、外国人の労働者の受け入れを始めるとされた一方で、外国人を社会に統合するためのさまざまな政策が盛り込まれた。600時限（1時限は45分）のドイツ語学習を課したのみならず、ドイツの歴史や文化、法秩序について30時限学ぶことも義務付けた。

たくさんの難民申請者が入国した後の16年7月、政府は新たな統合政策を決めた。最低限の生活費や住まいを提供する一方で、きちんと働くのに十分な中級以上のドイツ語を身につけることを課し、試験も実施することになった。文化や法秩序を学ぶ「オリエンテーション講座」は100時限に拡大され、こちらにも試験が課せられる。合格しなければ、将来、ドイツ国籍をもらえる可能性は低くなる。政府はさらに職業訓練のための費用も負担することを決めた。

19年2月、「オリエンテーション講座」を取材するため、ベルリン市内のノイケルン地区にあるVolksschule（市民大学）をたずねた。

取材したクラスの学生は19人。出身国は、シリア、エジプト、アルジェリア、タンザニア、ブラジル、ポーランド、チリ、スリランカ、レバノンなど11カ国だ。語学講座は、難民専用のものが用意されているが、オリエンテーション講座は、EU内からの移住者や結婚してドイツに住むようになった人々など、さまざまな背景の外国人が入り交じる。受講の前提は、ドイツ語の試験ですでにB1（中級）に合格していることだ。

「ドイツで最も人口の多い州はどこですか？」「ドイツで最も高い山の名前は？」

先生のガビ・キーンツルさん（54）が、答案の選択肢が書かれたプリントを読み上げながら、尋ねていく。

簡単な地理の問題に続いて、こんどは政治統治の仕組みを教えるプリントが配られる。連邦

ドイツに永住を希望する外国人が学ぶオリエンテーション講座＝2019年2月、ベルリン

政府は外交や防衛を担当し、教育や警察は各州が担当することなどが順を追って書かれている。

「子どもが引っ越したときには、学校制度は全国一律のほうが便利。なぜ、州ごとに違うのですか」。エジプト出身のラニア・シャヒンさん（35）がたずねると、キーンツルさんはこう答えた。

「それぞれの地域にはそれぞれの文化があるし、方言もある。教育は多様性があるほうがいい。権力はなるべく中央に集中させないほうがいい、という考え方はナチスの時代に対する反省からきているのです」

女性の権利から政治と宗教の関係まで、ドイツで生きていくために必要なありとあらゆることが扱われる。キーンツルさんはここで教えて8年になるが、最近やってきた難民も含めて、クラスでトラブルになったことはないという。「中東やアフリカの出身者の中には男女の平等については納得しない生徒もいる。でも、大事なことは、異なる意見があることを知り、議論をすることを学ぶこと。基本的に、みな、民主主義の国に住みたいと思ってやってきたわけで、その点は理解してくれる」。悩みは、600時限のドイツ語学習だけでは、複雑な話をするのが難しく、社会統合への準備にあたっては、もう少し充実した語学教育が望まれるという。

シャヒンさんがエジプトからドイツに移住したのは1年前。母国では、人権派の弁護士として活動し、これまで2回逮捕された経験がある。アラブの春で独裁政権が倒れてまもなく、軍事クーデターが起こった。その後、選挙が行われたが、治安の維持を名目とした言論の抑圧が止まらない。ドイツ人の男性と結婚し、当面はドイツで暮らすつもりだが、いつかエジプトに帰国し、社会運動に加わりたいという気持ちがあるという。「ここでは民主主義の仕組みを学べる。エジプトは政治制度だけではなく、文化そのものを変える必要があると思う。ドイツで学んだことを生かし、もう一度革命を起こす運動に参加したい」と熱い思いを語った。

混乱する現場

社会統合の整備を進め、名実ともに移民国へと転換しつつあるかに見えたドイツ。しかし、短期間に100万人を超える難民申請者が入国したことは大きな負担となり、受け入れの現場に影を落とし始めている。右翼政党の台頭を受け、対応を余儀なくされる与党と政府。受け入れか、締め出しか。この本を締めくくるにあたり、学校や職場など、岐路に立つ現場の様子を書いておきたい。

南部の都市ニュルンベルクは、第2次世界大戦後、戦勝国が敗戦国ドイツの犯罪を裁いた場所として知られる。郊外にある市の職業学校に17年5月31日の朝、警察官2人が前触れもなく姿を現した。

「アセフをアフガニスタンに強制送還する」

校長にそう告げると、いつも通り始業を待っていたアセフさん（20）をクラスから連れ出した。

アセフさんはアフガニスタン中部ガズニ州の出身。反政府勢力タリバーンの拠点に近く、政府軍との戦闘が繰り広げられている。

16歳のとき、イランを経由して1人でドイツにやってきた。日本人とよく似た少数派の「ハザラ人」で、タリバーンから迫害を受けていた。13年に難民申請し、却下されたものの、アフガニスタン国籍を証明する書類がなく、特別な措置として当面の滞在が認められていた。この間、ドイツで中学を卒業、2年前から大工を目指してこの学校で学んでいた。

連行の知らせを聞いて、隣のクラスで学ぶ女子学生のテレサ・ブーアさん（22）らが動いた。「いま帰国したら命が危ない」。この日、アフガニスタンの首都カブールでは90人以上が死亡するテロ事件が起きている。

連行を阻止すべく、クラスメートとともに先回りして、学校の前に駐車してあったパトカーの前に座り込んだ。電話やSNSで近隣の学校の知り合いにも呼びかけ、またたく間に数十人が集まった。先生たちも、行動を黙認した。

押し問答を続けること3時間。突然、重装備をした多数の警察官が現れ、学生らを催涙スプレーと警棒で蹴散らし、地面にねじふせた。ブーアさんも髪の毛をつかまれて引っ張り上げられた。獰猛《どうもう》そうな警察犬がほえたてる。一連の状況は、かけつけたメディアによって全国に流され、波紋を呼んだ。

「ドイツでこんなことが起きるなんて悲しかった。人は生まれる場所を選べない。だれもが平和に住む権利があるのに」。事件の1カ月後、私の取材に応じたブーアさんは、そう語った。

4年間にわたってアセフさんの相談にのってきたソーシャルワーカーのバーバラ・フラースさんによると、アセフさんは学校で一生懸命ドイツ語を学び、仲間からも好かれていた。翌年からは大工の職業訓練に入る予定だった。「ドイツ社会への統合が成功した典型例だった」と話す。

４年たって、なぜいま、突然の強制送還に動いたのか。フラースさんらが口をそろえるのは、ＡｆＤの台頭だ。連邦政府も州政府も、支持を増すＡｆＤから人気を取り返そうと、難民に厳しい態度を取り始めているとみる。

政府は、タリバーンによるテロが相次ぐアフガニスタンに連邦軍の治安部隊を派遣し、すでに50人以上の犠牲者を出している。それでも「地方によっては安全だ」として、ドイツに入ったアフガン人の強制送還を急いでいる。

学校で学んでいる外国人の若者がある日突然、強制的に送り返される事例は、このところ各地で相次いでいる。ドイツで生まれ育ったネパール人の女学生（14）は17年5月、ノルトライン・ウェストファーレン州のギムナジウムから連行され、その日のうちにネパールへ両親とともに送還された。両親が15年前に提出した難民申請が、最近になって却下されたことが理由だった。父親は州内で寿司職人として働き、税金も納めていた。両親の生まれ故郷とはいえ、住んだこともない土地に突然送還されることになった女学生の戸惑いは大きく、その非人道性からメディアで大きく取り上げられた。

15年以降、最も多くドイツにやってきたのは、シリアからの難民だった。右翼の圧力を弱めるべく、外国人の数を減らしたいドイツ政府だが、さすがに、内戦中のシリアに送り返すわけにはいかない。そこで、それ以外の地域の出身者を選んで強制送還を加速させているようだ。

政府によると、2010年に7558人だった強制送還の数は、16年には2万5375人に膨らみ、その後も毎年2万人以上を送り返している。

追い詰められる難民たち

矛先は、すでに仕事を得て働く難民たちにも向き始めている。18年8月、彼らを雇用するいくつかの企業を取材した。

「難民たちがいなくなったら、どうすればいいのか」。南部シュツットガルト近郊で機械メンテナンス会社IDSを営むマルクス・ウィンターさん(51)は13年ごろから、ドイツに入国する外国人たちを雇い始めた。大きくその数を増やしたのは、メルケル首相が受け入れを決断した15年9月以降だ。現在の従業員は約900人。このうち、95人が難民申請中か、すでに難民として認められた人々だ。

1年ほど前から政府は締め付けを強め、95人のうち約50人についての難民申請を却下した。多くは裁判所に異議を申し立てたために強制送還を逃れ、同社で働き続けているが、判決が確定すれば、少なくとも働くことができなくなり、政府の管理下で帰国を待つ身になってしまう。

ウィンターさんが積極的に難民を雇用する理由は二つある。一つは、圧倒的な人手不足だ。ドイツ南部はとりわけ好況で、完全雇用の状態が続く。工場労働者を募集してもドイツ人は集まらない。かつては、トルコ系の移民が仕事を担っていたが、彼らもいまや、より高給な仕事につきたがる。ならば、社会的に孤立しがちで、仕事を求めてやまない難民たちを雇わないすべはない。もう一つは、メルケルの考え方に共鳴したからだ。ウィンターさんは長年、ＣＤＵの党員で、党中小企業連盟の地区支部長を務める。彼らを社会に統合するためにも、一緒に仕事をすることは欠かせないとみる。難民の世話をするＮＧＯをまわり、仕事に興味がありそうな人たちを紹介してもらったという。

ナイジェリア出身のパオリ・アゴアさん（45）は16年7月からここで働いている。シリンダーの塗装や清掃がおもな仕事だ。ウィンターさんによると、難民を雇用するうえで最もてこずるのは、語学能力に加え、時間を厳守させることだ。アゴアさんはバスで1時間かけて通勤してくるものの、めったに遅れることはない。労働時間は、6～14時、14～22時のシフト制。「熱心で仕事が正確。彼にとって代われる人はそういないよ」と太鼓判を押す。

母国では自動車の整備工として働いていたが、部族抗争の激化から命を狙われ、1人で逃げてきた。しかし、政府は昨年、アゴアさんの申請を却下した。ナイジェリアは、内戦中であることがだれの目にも明らかなシリアと異なり、難民として認められる可能性は高くない。政治的に迫害されたことを自ら証明しなければならないが、簡単なことではないからだ。同社に弁護士をあてがってもらい、裁判で係争中だ。夢はドイツで家を買い、この会社で働き続けることだが、見通しは明るくない。

ウィンターさんは、政府が難民申請の却下を加速させている背景には、ＣＤＵ内保守派の思惑が働いているとみる。「ＡｆＤに対抗するために、彼らの政策をコピーするのに躍起になっている。しかし、そんなことで票が伸びるとは思えない。ここで働く難民たちは、もはやドイツ政府に頼らず、税金すら納めている。ウィン・ウィンの関係にあるものを壊すのは理にかなわない」

同じバーデン・ビュルテンベルク州に本社があるアウトドア用品大手の「ファウデ」も、難民を積極的に雇用している企業の一つだ。従業員は約５４０人で、12人の難民申請者を雇っている。ドイツ語の教育から、家さがし、弁護士の手当てなど、すべて面倒をみている。

15年に多くの難民がやってきたのを見て、「彼らのために何かできることはないか」と社内で話し合った。売れ残った在庫品を難民関係のＮＧＯに供給することから始め、やがて、余った布きれから買い物用バッグを作る仕事をＮＧＯに発注するようになった。出来栄えが良かったことから、本格的に雇い入れることを決めた。ドイツ人の従業員からは「なぜ、わざわざ外国人を雇う必要があるのか」という声も上がったが、生産ラインのポストにはもはやドイツ人の応募者がいないことを説明すると、納得した。職場の治安を心配する声も上がったが、すぐに無用の心配であることが分かったという。

だが、12人のうち、イラン、ナイジェリア、ガンビア、カメルーン、アフガニスタン出身の6人について、相次いで申請が却下された。すでにドイツ語を習得し、職場にもうまく適応していたが、認められず、裁判所に異議を申し立てた。「人道的な理由だけではなく、もはや経済的にも彼らを失うのは大きな損失だ」と同社広報のリザ・フィードラーさん（31）。

たまりかねたアルブレヒト・フォン・デービッツ社長は17年9月、メルケル首相に手紙を出し、すでに職業訓練を受けたり、安定した仕事につき、政府に頼らず生活していたりする難民申請者に対しては、法的な条件を満たしていなくても、滞在許可を与えるように求めた。賛同する企業はまたたく間に広がり、100社を超える企業が各地で有力政治家への要請を始めた。デービッツ社長は緑の党の支持者だが、運動は超党派で広まった。

2年後、政府は新法を制定し、難民認定を拒否された外国人でも、すでに職を得て、社会保障料を支払っていることなどを条件に、滞在への道が開けるようにした。さらなる難民の流入を招かないよう、23年までの時限立法とし、18年8月までに入国した人々だけが対象とされた。だが、新法についてＩＤＳのウィンター社長は「多くの前提条件がついたため、事実上、ほとんど実効性がない」と話す。とりわけ問題なのは、裁判で強制帰国が確定しても、母国での身分を証明するものがないなどの理由で、1年以上にわたり帰国が実現していない者に滞在許可の対象を限る、とされたことだ。ウィンター社長によると、こうした人々は多くない。20年

3月、再び取材に応じたウィンターさんは「私のところで働く難民申請者たちの多くは、条件を満たせずに帰国せざるを得なくなる」と語った。

人道上の建前を守りつつ、右翼の台頭を防ぐためにも、「不法滞在」の外国人たちを追い返したい。政府の一連の対応には、そんな苦悩が透けて見える。

《インタビュー》

◆移民の支援団体代表　アイシェ・デミル氏　「まずは差別をなくして」

ドイツに住む外国人たちは、高まるナショナリズムや愛国主義をどう見ているのか。ベルリンとブランデンブルク州でトルコ系移民の支援にあたる団体「ベルリン―ブランデンブルク・トルコ連盟」のアイシェ・デミル会長に聞いた（インタビューは2019年1月）。

——ご自身はドイツで生まれたのですか？

「私の父は1965年にガストアルバイター（出稼ぎの外国人労働者）としてトルコからドイツにきた。姉と母を69年に連れてきて、私はドイツで生まれた。政府は、景気が悪化してガストアルバイターの募集をストップした時、帰国するか、ドイツに残るのかを選ばせた。大半はドイツに残ることを選択した」

――ドイツ社会では、いま再び「主導文化論」が強まっています。

「ナショナリズムやポピュリズムの台頭は、世界全体で起きている。これまで既成政党が民衆の声に十分に耳を傾けてこなかったことの結果だ。でも、私たち移民は、自分のバックグラウンドの文化や価値、宗教を持ちながらドイツ社会に参加していくことが望ましいと考えている。主導文化とは本来、キリスト教に偏ったものではなく、友好やリスペクト、思いやりといった、だれもが共有できる価値であるべきだと思う」

――二重国籍を制限すべきだ、という声も高まっています。

AfDの党員集会の近くで抗議する人々。「不寛容さに与える舞台はない」。劇団関係者が掲げた旗には、そう書かれている＝2016年9月、メクレンブルク・フォアポンメルン州

「移民系にトルコのエルドアン大統領を支持する声が多いことを、ドイツ人は懸念している。しかし、それで根本的な問題が解決するとは思えない」

「ドイツで生まれ育った子どもたちで、トルコを全然知らないのに街に出てトルコの国旗を掲げて『エルドアン賛成』と言っている人たちがいる。彼らは学校で差別にあって、職業訓練先が見つからず、嫌な思いをいっぱいしてきている。一方でエルドアンは『私は君たちのためにいる』とアピールしており、彼にひかれてしまうのだ。二重国籍を制限することよりも、まずは差別をなくすことが先決だ」

「いまはAfDだけが騒がれているが、ほかの政党支持者も含めて、外国人に対する差別的な意識は常にあると思っている。私の息子は6歳のときに学校で先生に『どこからきたの?』と聞かれた。わけの分からない息子は『家からきた』と答えるほかなかったが、差別意識はそういうところにすでに垣間見える。髪の毛や目の色が違うだけで特別扱いされるのだ。実際、先生たちは子どもたちの進学先を振り分ける際、ガストアルバイターの子どもたちを差別的に扱ってきたし、就職での差別も政府の報告書で明らかになっている」

——日本にも、これから多くの外国人が技能労働者としてやってきます。アドバイスはありますか。

「ドイツは過去に大きな過ちを犯した。それは、本気でガストアルバイターを受け入れようとはしなかったことだ。いつかは帰国するという前提で、ドイツ語の学習コースすら提供しなかった。言葉を話せなかったら、両親は子どもの学校の面倒をみることができず、落ちこぼれてしまう。ガストアルバイターはロボットではなく人間だ。政府による統合政策はとても重要であることを肝に銘じてほしい」

あとがき

日本人とドイツ人は似ている。几帳面で勤勉。そして秩序や社会の一体性を好む傾向。十把《じっぱ》一絡《ひとから》げに国民性を論じるのは望ましいことではないが、少なくとも、今まで私が暮らしたことがある米国、タイ、インドに比べれば、両国の文化は近いところにある、と肌で感じている。

歩んできた道のりも似ている。ともに近代国家の建設が遅れ、世界に台頭する過程で先行する国々とぶつかった。第2次世界大戦で敗れた後は、経済大国として再び存在感を高めながらも、敗戦国ゆえに、国際政治の舞台では常に遠慮がちに振る舞い、国内にあっては愛国的なものは長らく忌避されてきた。

1966年生まれの私も、「愛国」という言葉には少なからぬ抵抗を感じている。子どものころ、歴史の教科書以外にこの言葉を見聞きするのは、右翼政党の選挙ポスターくらいだった。時が移り、第1次安倍政権で愛国心が教育の現場でうたわれるようになっても、その響きにどこか薄気味悪さを感じていた。国や郷土を愛する気持ちというのは、海外で暮らしていると自然にわき出てくるもので、政府が上から押しつける類いのものではない。そう考えている。

ドイツでは、国家に対する市民の懐疑的な目は、日本よりはるかに強く、厳しい。ベトナム戦争反対を掲げて立ち上がった1968年世代は、戦前のナチスの狂気を白日のもとにさらし、公職者らの過去を追及するだけではなく、個々の家庭でも、父親たちがその時代にどのような生活を送っていたのかを問題視した。社会のあらゆる分野で「過去の克服」が正義となった。空気に流されることのない徹底ぶりはドイツ人の国民性なのか、600万人のユダヤ人を抹殺したという原罪意識によるものなのか。学生中心の運動はその後下火となったが、反体制の精神は緑の党として結実し、原発の全廃決定につながっていく。

そのドイツで、再び、「郷土を思う気持ち」が政治家や市民の口から頻繁に聞かれるようになった。なぜなのか。そして、それは否定されるべきことなのか。特派員として駐在した3年間、そのことがずっと頭を離れなかった。理由や背景については、この本の中で一定の答えを提示したつもりでいる。しかし、否定されるべきことなのか、という点については、いまもアンビバレントな気持ちを抱き続けている。

2018年9月、ザクセン・アンハルト州のケーテンという旧東独の都市で、難民申請者による傷害致死事件をきっかけに始まった右翼デモの取材をしたときのこと。午後9時ごろだっただろうか。暗闇の中、いかつい顔をした3人の男たちに囲まれ、撮影したカメラを渡すように迫られた。「メディアはうそつきだから信用しない」「報道することは許さない」と脅してくる。こちらが逃げ道をさがして足を踏み出そうとすると、前に立ちふさがって動くことができない。渡さなければ力ずくでも奪いとる。そんな勢いだった。ほどなくして、デモ警戒の警察官が割って入り、ことなきを得たが、彼らの野獣のような目は今でも忘れられない。右翼なんてまっぴらだ。行き着く先は、言論の抑圧と、野卑で攻撃的な感情の発露じゃないか。そう思った。

一方、競争社会にやぶれ、疎外を感じている人々、アイデンティティーを喪失した人々の話を聞くたびに、彼らに対する同情を禁じ得なかった。ファシズム的なものに陥ることなく、人々が生きる意味を感じとることができる共同性を、社会は取り戻すことはできるのだろうか。帰国後、悶々とした気持ちを抱えたまま、歴史や哲学書の中に解答を見つけようとした。しかし、そこには現実離れした抽象論がならび、ますます悶々とするばかり。そんな中途半端な気持ちが、この本にも投影されていることを認めざるを得ない。

似たような歴史や文化を持つドイツから、明確なメッセージを受け取った事柄もあった。そのひとつが移民政策だ。一定期間が過ぎれば帰国する、だから統合政策には本腰を入れなくてもいい。半世紀も前に外国人労働者の本格的な受け入れを始めたドイツは、そんな前提でスタートした。しかし、結果は、平行社会の存在であり、社会の分断だった。

日本も2019年に改正入管法が施行され、特定技能労働者という名の「移民」に広く滞在の道が開かれた。少子高齢化が進む以上、いままでの生活水準を維持しようと思えば、外国人の労働者に頼らざるをえない。その前提として何をなすべきなのか。先例に学ぶべきことは多いように思う。第4章には、そんな思いも込めた。

最後になるが、この本の出版にあたり、お世話になった方々にお礼を申し上げたい。朝日新聞出版の三宮博信さん、松岡知子さんには貴重なアドバイスをいただいた。ベルリン支局の助手アンケ・レスキー、塩田智子の両氏の協力がなければ、特派員としての仕事を全うすることはできなかった。新聞の掲載記事にメールで感想を寄せてくれた両親、単身赴任の生活をＬＩＮＥの通話で支えてくれた妻と娘には、改めて感謝の言葉を記しておきたい。ありがとうございました。

２０２０年9月　東京都武蔵野市の自宅にて

主な参考文献

【和書、和訳書】

石田勇治『ヒトラーとナチ・ドイツ』講談社現代新書　2015年
石田勇治『過去の克服』白水社　2002年
井関正久『ドイツを変えた68年運動』白水社　2005年
岡部みどり編『人の国際移動とEU』法律文化社　2016年
岡本奈穂子『ドイツの移民・統合政策』成分堂　2019年
小野一『緑の党　運動・思想・政党の歴史』講談社選書メチエ　2014年
川喜田敦子『東欧からのドイツ人の「追放」』白水社　2019年
近藤正基『ドイツ・キリスト教民主同盟の軌跡』ミネルヴァ書房　2013年
坂口裕彦『ルポ　難民追跡』岩波新書　2016年
佐藤伸行『世界最強の女帝　メルケルの謎』文春新書　2016年
将基面貴巳『愛国の構造』岩波書店　2019年
高田敏・初宿正典編訳『ドイツ憲法集　第7版』信山社　2016年
田中素香『ユーロ危機とギリシャ反乱』岩波新書　2016年
名雪健二『ドイツ憲法入門』八千代出版　2008年

西田慎／近藤正基編著『現代ドイツ政治』ミネルヴァ書房　２０１４年
墓田桂『難民問題』中公新書　２０１６年
星乃治彦『台頭するドイツ左翼』かもがわ出版　２０１４年
アンゲラ・メルケル著　フォルカー・レーシング編　松永美穂訳『わたしの信仰』新教出版社　２０１８年
イアン・カーショー著　川喜田敦子訳　石田勇治監修『ヒトラー（上）』白水社　２０１６年
ウルリヒ・メーラート著　伊豆田俊輔訳『東ドイツ史１９４５－１９９０』白水社　２０１９年
エーリッヒ・フロム著　日高六郎訳『自由からの逃走』東京創元社　１９５１年
ジェームズ・ゴードン・フィンリースン著　村岡晋一訳『ハーバーマス』岩波書店　２００７年
ノルベルト・エリアス著　ミヒャエル・シュレーター編　青木隆嘉訳『ドイツ人論』法政大学出版局　１９９６年
ハンナ・アーレント著　大久保和郎・大島かおり訳『全体主義の起源』みすず書房　２０１７年
フォルカー・ヴァイス著　長谷川晴生訳『ドイツの新右翼』新泉社　２０１９年
ラルフ・ボルマン著　村瀬民子訳『強い国家の作り方』ビジネス社　２０１４年

【独語書】
Claudia Reshöft “ROBERT HABECK EINE EXKLUSIVE BIOGRAFIE” FinanzBuch Verlag 2020
Kristina Dunz/Eva Quadbeck “Ich kann, ich will und ich werde” Propyläen 2018

Melanie Amann “Angst für Deutschland” Droemer Verlag 2017
Michael Bröcker “Jens Spahn Die Biografie” Herder 2018
Philip Plickert 編 “MERKEL EINE KRITISCHE BILANZ” FinanzBuch Verlag 2017
Robert Habeck “Patriotismus : Ein linkes Plädoyer” Gütersloher Verlagshaus 2010
Robert Habeck “Wer wagt, beginnt” Kiepenheuer&Witsch 2016
Stefan Kornelius “ANGELA MERKEL : Die Kanzlerin und ihre Welt” Hoffmann und Campe Verlag 2013
Thilo Sarrazin “DEUTSCHLAND SCHAFFT SICH AB” Deutsche Verlags-Anstalt 2010

【雑誌、新聞】
Der Spiegel
Der Stern
Die Welt
Frankfurter Allgemeine Zeitung
Süddeutsche Zeitung
Handelsblatt
Der Tagesspiegel
Die Tageszeitung

Bild Zeitung
朝日新聞

高野弦（たかの　ゆづる）
1966年、東京生まれ。早稲田大学政治経済学部卒業後、朝日新聞社に入社。宇都宮、浦和支局、東京本社経済部、アジア総局（バンコク）、ニューデリー支局などを経て、2016年から2019年までベルリン支局長。この間、経済部次長、国際報道部次長・部長代理を務める。

愛国《あいこく》とナチの間《あいだ》　メルケルのドイツはなぜ躓《つまず》いたのか

2020年10月30日　第1刷発行

著　　者　高野　弦
発 行 者　三宮博信
発 行 所　朝日新聞出版
〒104-8011　東京都中央区築地５－３－2
電話　03-5541-8832（編集）
03-5540-7793（販売）
印 刷 所　株式会社 廣済堂

Published in Japan by Asahi Shimbun Publications Inc.
ISBN978-4-02-251723-4